明治裏面史

上巻

伊藤痴遊 著

国書刊行会

明治裏面史　上巻

自序

維新前後から明治にかけての歴史を部分的に分けて、人物を本位としたものを、いつか書いて見たいと思っていたが、何分にもその暇がなくて目的を果たさなかった。

先に博文館から『明治太平記』を一冊だけ出版した。それには専ら維新前の事項を書いてある。後編は本年末に出すつもりであるが、明治になるまでの事項しか書けない。従って本書とそれを併せ読んでくれたなら、維新と明治の歴史に通じる訳になるのだ。

本書の体裁も、やはり言文一致の極めて通俗のものにしてある。昨今に至って、西洋の学問が盛んになったため、外国歴史のことは知っていても、かえって日本の歴史を知らない青年が多いようだ。これは大いに注意すべきことである。生まれた国の歴史を知らずに、他国の歴史ばかり知っているその人の思想はどんな風になるか、頗《すこぶ》る懸念に堪《た》えない。そこで僕は維新前後から明治にかけての歴史を、人物本位で書くように努力して、すでに断片的のものは出してあるが、順序を逐《お》ってまとまったものは、『明治太平記』と本書ばかりである。

ただし、これをもって著者の満足した著述とはいえないが考えていた幾分は、これでも充《み》たしたつもりである。いずれこの書の後編を出して、さらにまとまったものにしようと予期している。

公私の用務に逐われながらの著述であるから自分でも不足は感じている、ただ大体のことはかなりに穿《うが》ったつもりだ。

ことに、大概な人は遠慮して言わないことまで、相当に晒《さら》け出してある。したがって、多少の非難の起ることは元より覚悟の上である。

痴遊　記す

凡例

本書の原著『隠れたる事実　明治裏面史』は昭和一四年六月に大同出版社より発行されました。このたびの発行にあたり、左記のような編集上の補いをしました。

①旧漢字旧仮名遣いを新漢字新仮名遣いに改めました。

②表記も現代文に改め、差別用語に配慮し、一部を削除あるいは加筆し補いました。

③難字にはルビをふり、難解な言葉には（　）で意味を補いました。

④各篇の大見出しに番号を補足し、小見出しを付しました。

平成二五年三月

国書刊行会

明治裏面史　上巻　目次

明治裏面史　下巻　目次（抄）

一　徳川幕府の覆滅《ふくめつ》

徳川家康《いえやす》が豊臣氏の後を承《う》けて天下を統一し、江戸に幕府を開いてから二百六十年、その間十五代も続いた。幕府の権威は盛んなものであったが、満ちれば欠ける世の習《なら》いで、ついに十五代の慶喜《よしのぶ》に至って政権を朝廷へ返上し、将軍職を退《しりぞ》くに至った。いま新たに明治年間における、もっとも顕著な出来事の内容を記述することについては、勢い幕府の覆滅《ふくめつ》（くつがえされ、亡びること）した顚末を一通り述べておく必要がある。しかしながら、これを詳しく述べることになると、一冊の本が書けるくらいにさまざまな事実があるので、いまは大まかな事情だけを述べておく。

1　鳥羽・伏見の戦い

慶喜が政権を返上したのは、慶応三年（一八六七）の十月十三日であるが、そこにまで落ちつく間に、佐幕《さばく》、勤王《きんのう》両派の暗闘は実に凄《すさ》まじいものであった。あるときは佐幕派の勢いが強く、勤王派はほとんど屏息《へいそく》する外《ほか》ないというほどに追いつめられたこともある。またあるときは、佐幕派が勢力を失って、今にも幕府が潰れそうになったこともある。その押し合いが何度か繰り返されているうちに、時勢は急転直下の勢いで、ようやく佐幕派に不利となり、ついに慶喜が政権を返上することになったのである。

当時の佐幕派に、この劣勢を挽回《ばんかい》するほどの抜群の智慧者《ちえしや》もなく、いろいろな小細工を用いてその場を凌《しの》ぐことを繰り返していたので、かえって幕府の形勢が悪くなる一方であった。これに反して勤王派には、新進気鋭の人物が多く、朝廷の権威を笠にかぶって、天下の問題をうまく捉えては、幕府に対抗していったので、その争いはいつも幕府の失敗に終わったのである。その結果、慶喜は自ら進んでその職を辞さなければならない境遇に陥《おちい》った。

もしそのときに非常な智慧者がいたら、まだ手の施《ほどこ》しようがあったであろうが、いかに偉いといっても会津中将《ちゆうじよう》や桑名越中守《えつちゆうのかみ》では、その流れを変えることはできなかったと見え、事態は悪化する一方であった。たとえ、慶喜が政権を返上しても、なお二条城に頑張っていて、あくまでも討幕派と対抗していたら、慶喜を京都から追い出すこともできず討幕派はどれほど苦しんだかも知れない。それなのにどういうわけか慶喜は大坂城へ引き上げてしまったのであるから、こうなっては再び入京しようとしても、討幕派が朝命を利用して、慶喜の入京を拒むに決まっている。

政権の返上が決定すると同時に、朝廷からは徳川が今まで所領としていた関八州の地をすべて返上しろという内命が下《くだ》った。これに対しての反発が思いのほか激しかったので、ついには慶喜は癇癪《かんしやく》まぎれに大坂へ引き上げたのであろう。しかし、これこそが幕府の大失策だったのだ。もしこの時に、あくまでも二条城に尻を据えて、この問題について争いをつづけたならば、薩長の二藩に何ほどの策士がいても、徳川をどうすることもできなかったに違いない。慶喜は二条城に頑張って、大坂城には三万の大兵がある、それで「さあ来い」と睨《にら》んでいたら、西郷隆盛、木戸孝允《たかよし》、大久保利通《としみち》の三傑がいかに焦《あせ》ったところで、結局は実力の争いになるのだから、慶喜を追い出すことはできなかっただろうと思う。しかし慶喜は、自ら大坂城へ退《しりぞ》いてしまったから、領地返納の談判が激しくなり、だんだんと朝廷の御沙汰が面倒になってきたので、慶喜はついに兵を率《ひき》いて入京しようとした。そこで薩長二藩が主となり、朝命を威風に入京を拒んだのである。ここにおいて慶喜は、兵力によって入京しようとする、その争いが例の鳥羽・伏見の戦いになったのだ。

2　幕府軍の圧倒的優位

この戦闘がはじまる時には、どんな者でも徳川の勝利と見ていたのである。単に兵数の上からいっても、幕兵は一万三千であった。これに対して、鳥羽・伏見の街道に関門を設け、幕兵の入京を拒んだ薩長連合の兵はわずかに四千くらいのものであった。その人数の上から見ても、とうてい戦争にならないのが当然である。ところが、いよいよ戦端《せんたん》を開くと、意外にも幕兵は大敗北となって、散々の体《てい》で大坂へ引き上げざるを得なくなった。なぜこういう風に幕兵が脆《もろ》くも敗走したのか。それは種々《しゅじゅ》の原因もあっただろうが、とにかく、朝廷が慶喜の入京をお許しにならないのに、慶喜の方から押し切って入京しようとした。早く言えば、勅命に楯突《たてつ》く態度に出た。従って朝廷からは徳川追討の詔《みことのり》が下り、同時に仁和寺宮《にんなじのみや》が征討総督になって戦争を開く運びになったのだ。大義名分の上から見て、幕府の不利は言うまでもない。特に薩長連合の兵はわずかに四千で、しかも後詰めの兵がないというくらいに微弱なものであったから、互いに相助けて一生懸命、すなわち人心の和を得ている。地の利の上からいっても、あの方面は、敵兵を防ぐのにもっとも適していたから、幕兵の不利は言うまでもなかった。

特に総帥の竹中丹後守は、この大兵を指揮するほどの器でなく、各武将との間の連絡も取れていなかった。会津兵はその驍勇《ぎょうゆう》（勇ましく強いこと）に誇って勝手な行動をする。旗本兵はあまり強くもないのに、御直参《ごじきさん》という肩書きを鼻の先に掛けて我儘《わがまま》の働きをする。そのほかにも、全軍一致の行動を取ることができない事情がそれぞれにあって、三日三晩打ち続いての戦闘に、惨《みじ》めな敗北を遂《と》げてしまった。いかに大兵を擁《よう》していても、全軍の一致を欠いては、思うように活動もできない。その上、戦闘の最中に藤堂の兵が裏切りをしたので、いよいよ幕軍は不利となる。一方は少数ながらも心が一致し、必死の戦闘をしたのであるから、勝敗の結果は、意外にも幕兵の敗北となったのである。

大坂城にあって、慶喜がこの敗報を得た時には、なお新手の兵が一万以上いたのだから、これをもって第二の戦闘を開けば、まだ勝利を得る見込みはあったが、このとき兵庫に来ていたイギリス公使のパークスから異議を入れられて、やむを得ず慶喜は会津・桑名の両侯と老中の板倉周防のほか数名を従え、夜密《ひそ》かに大坂城を逃れて兵庫から回陽艦に乗り込み、江戸へ逃げ帰ってきたのである。

慶喜が、もし馬鹿な人であったら、パークス公使の異議などに頓着《とんちゃく》なく、なお戦争を続けたであろうが、なにしろ日本人同士の戦いに外国の干渉が起きるようなことがあっては、国家の前途が思われる、という立派な考えをもって、第二の戦闘を開かずに引き揚げたのであるから、この点から見れば、慶喜は確かに人物であったに違いない。しかし、その時に下すべき方策としては、宜《よろ》しきを得なかったと言える。

こういう事情で、薩長連合の兵が大勝利を得たとなると、今まで首鼠両端《しゅそりょうたん》を待《じ》して（迷い、心をきめかねること）曖昧《あいまい》な態度を取っていた各藩も、追い追いに官軍に加わってきて、その勢威は実に盛んなものになってきた。こうなれば大坂城は戦わずとも手に入り、王政復古の布令も出て、徳川征討の詔《みことのり》までが諸藩の手に移されることになったのである。ところが、ここに一つ困ったことは、征討軍の支度《したく》はできたけれども、軍費が一文もないために出征することができないということである。もっとも、太政官を置いて天下の政治を見ることにはなったけれど、それは鷹司《たかつかさ》関白《かんぱく》の邸《やしき》を一時借り受けて、太政官《だじょうかん》にするというようなわけで、今まで徳川が握っていた天下の実権は、朝廷へ戻ったようなものの、その政治を見るための費用さえ無かったのだから、まして関東征伐の軍費があるはずはない。わずかに西郷が三井の本家に相談してその費用を一時支出させたので、かろうじて進発することができたほどである。これを見ても、政府の内実は窮乏《きゅうぼう》を告げていたことは今更言うまでもないことである。このときに、越前の三岡八郎が岩倉を説いて、京都、大坂、堺、その他の地方から富豪を大坂へ呼び上げて、あるいは脅迫《きょうはく》的に莫大な御用金を絞り上げたり、あるいは太政官紙幣というものを発行し、これを担保に富豪から金を借り入れて、新政府の費用に充《あ》てたというような、苦しい手段も講じたのである。

3　家康の秘密の遺書――水戸家は勤王を唱えよ

鳥羽・伏見の敗報が遍《あまね》く天下に知れわたると、いままで態度を曖昧《あいまい》にしていた弱い大名が朝廷へ恭順《きょうじゅん》を申し出た。ただわずかに奥州諸州は、会津藩が頑張っていたので堅く連盟して、あくまでも官軍に抗戦するための手段を運んだ。しかし、そうはいっても江戸の戦争がどうなるかということによって、その影響を受けることが多かったのである。しかし幕府には勝海舟というような偉い智慧者がいて、しきりに慶喜を説いて戦争を開かせないようにした。慶喜は凡庸《ぼんよう》の人ではなかったから、この話を理解して自分は上野の寺中大慈院に引きこもって、朝廷へ恭順の意を表すると同時に、輪王寺の宮にすがって、朝廷へ哀訴の手続きを執《と》ることになった。旗本八万石の士が、いくら刀の柄《つか》を叩いて開戦を迫っても、慶喜はどうしてもその願いを聞き入れなかったのである。

これについて大いに感服すべきことは、徳川家康が天下を定めて、将軍家の礎《いしずえ》が定まった時に、天海僧正《てんかいそうじょう》の意見を容《い》れて、水戸家へ秘密の遺言書を伝えて置いた。それは紀尾二藩にも伝えてあっただろうが、著者の聞くところでは、ただ水戸藩へだけ残されたように聞いている。その遺書にどのようなことが書いてあったか、それを披露《ひろう》しよう。

今後幾代か続いて、天下の覇権を握ることがあるとしても、何時《いつ》か一度は、覆滅《ふくめつ》の時節は来るのであるから、もし諸侯との争いならば格別のことだが、朝廷と争いが起こるような場合があって、宗家の面目上、朝廷と争いを続けるような場合には、少なくも水戸家は勤王を唱えて、朝廷のために尽くせ、その場合には、宗家の利害などは顧みるには及ばない。

という意味であった。それを慶喜はよく知っているから、勝の意見を聞いて、それがやはり家康の遺書と同じ趣意であったので、潔《いさぎよ》く江戸城を立ち退《の》いて、上野に引きこもることになったのである、ということであるが、もしこれが果たして事実であるとするならば家康は偉いものだ。三百年も後に、こういう騒動が起きてきた場合に、徳川の宗家は潰れても、水戸家は勤王の功によって残ることになれば、徳川の血統に支障はないのである。よく末々のことまでも考えたものだと思って、著者はこの逸話を聞いた時分に、すこぶる家康の深謀遠慮《しんぼうえんりょ》に感心をしていた次第である。

しかしながら、慶喜がどれほどに利口な御方で、この際の対処法が当《とう》を得《え》ていたにもせよ、もし勝のような智慧者がいなくて、官軍の大参謀である西郷と手を握らなかったならば、談笑の間に江戸城の受け渡しは済まなかった。したがって八百八町は兵燹《へいせん》の巷《ちまた》と化したに違いない。そうなってみると、向背《こうはい》を定めずにいる諸侯がどういう態度をとったかわからない。もしその多くが官軍の方へ付かずに、幕府を助けるということになったならば、それこそ一大事である。それが半数ずつに分かれて戦うとしても、天下は応仁の昔のように、戦乱の巷と化してしまったであろう。

しかし官軍には西郷がおり、幕軍には勝がいて、この両雄が互いにその心胆を披瀝《ひれき》して、談笑の間にこの面倒な問題を決めてくれたのは、ただ江戸のためのみならず、日本国の全体のためにおおいに祝うべきことである。この点については、西郷と勝の功労は相半《あいなか》ばすると言ってもよい。西郷の銅像は上野の公園に建てられているが、勝に対しては江戸の人が何の報《むく》いもしていない。もし、西郷の銅像は別の意味で建てられたとしても、苟《いやしく》も江戸っ子である者が、勝のこの大恩に対して何も報いるところがないというのは、はなはだよろしくないことである。今からでも遅くないから、西郷と並べて勝の銅像を建て、その功労を長く後世に表彰することにしたらよいだろう。

4　慶喜の極刑処分と西郷の決断

江戸城の受け渡しが済んで、慶喜は水戸へ帰った。そのあとに当然起こるべき問題は、慶喜に対する処分であるが、これについては勝から西郷に深く頼み込んで、西郷もまた公平な心事で慶喜の処分を定めようという気があったから、容易《たやす》くこれを引き受けて、太政官会議の席において慶喜の命を救うべく陳弁《ちんべん》したけれども、長州藩を代表する木戸孝允と広沢兵助、公家を代表する岩倉具視《ともみ》、この三人の反対によって、慶喜はどうしても極刑に処せられる外はなかった。その際に西郷は、極端まで抗弁はしたがその効はなく、いまにも慶喜は極刑ということに定まりかかった。そこで西郷は、

「自分は今日まで朝廷のために尽くしたが、今この一事によって、幕府を倒し、王政復古にした真の趣意に背《そむ》

くようなことがあっては、引き続いてお勤めする気も出ないから、この場合は辞職して、自分は鹿児島へ退身する」

と言い出した。さあこうなった日には、長州藩がいかに頑張ったところで、つまりは薩摩藩の陰に隠れてこれまでの活動をしてきたのだから、この場合、薩藩に手を引かれてしまっては、舞台は元へ逆戻りとなって、再び幕府が復活するようなことになっては一大事である。そこで三条実美《さねとみ》が仲裁役になって、両者の調停を計った。木戸や広沢の困るのは言うまでもなく、また岩倉にとっても今までのことが水の泡になってはそれこそ大変であると思って、やむを得ず譲歩して、慶喜の命だけは奪わないことにしたのである。その結果、慶応四年の四月下旬に、太政官会議をさらに開いて、徳川慶喜には隠居を命ずるが、罪あっての隠居であるから、

「その実子を宗家の相続人にすることはならない。諸藩の中から養子を迎えて、宗家の主人にすべし」

という意味をもって、田安の若君亀之助が相続人となって、駿遠参三カ国で七十万石を賜うことになり、慶喜は静岡に退いて隠居した。慶喜の命は助けたが、罪あって隠居を命じたのだから、その実子に相続はさせないというところにこの処分の値打ちはあると思う。親が罪あって隠居したならば、その実子が家を相続しないくらいのことが行われなければ、何のために罪あっての隠居なのか、その趣意がわからなくなる。親は罪を犯して隠居したが、その実子は家を継いで華族の班に列しているなどは、はなはだ無意味なことである。それとこれとではまったく違う問題ではあるけれども、ことの序《つい》でだから言っておく。

二　遷都の建議

1　明治の改元と東京への遷都

慶応四年（一八六八）の五月、上野の戦争が終わってから、間もなく同年九月八日に明治と改元したのであるが、引き続いて江戸を東京と改め、今まで京都のみに在《あ》らせられた陛下は、この時をもって東京へ御遷座《ごせんざ》になったのである。この遷都の始末は、明治史の上において最も大切なことであるから、一通り述べておきたい。

京都へ御所《ごしょ》を設けられてほとんど千年、その長い間の帝都を、江戸へ移すというのであるから、相当に波乱も起これば曲折《きょくせつ》もあった。特に朝廷の内部に有力な反対もあって、実行の上に非常な支障があったにもかかわらず、それを押し切って遷都の議を御採用になったのが、すなわち先帝の御聖断であって、その思し召しのあるところを、国民は深く記憶しなければならないのである。

この遷都について、初めは大久保一蔵《いちぞう》（大久保利通。一八三〇―一八七八）の建議によって決したかのように誤って伝えられていた。現に東京において、奠都《てんと》三十年祭（都を定めて三十年記念祭）を挙行した時分にも、大久保の祭典を同時に行ったくらいであるが、その実は遷都論の主唱者は、大久保が最初ではなかったのである。そもそもこの遷都の議を首唱したのは、文化文政の頃、一代の学者として知られた佐藤信淵《のぶひろ》という人が、帝都を江戸へ遷《うつ》す必要を説いたことはあるが、それは特に問題にならなかった。しかし慶応の末に当たって、前島密《ひそか》という人が佐藤の議論を蒸し返して江戸に遷都すべきことを唱えた。しかしながら、これはただ民間の一人として、その説を唱えたのにすぎないので、これもまた公《おおやけ》の問題にはならなかったのである。大久保が最初に唱えた遷都の議は、大坂へ御遷座あるようにという意味の建白であった。その意見書の中に、こういうことが書いてある。

遷都ノ地ハ難波《なにわ》ニ如《し》クベカラズ、暫《しばら》ク行在所《あんざいしょ》ヲ定メラレ、治乱ノ体ヲ一途ニ据エ大イニ為スコトアルベシ、外国交際ノ道、富国強兵ノ術、攻守ノ大権ヲ取リ、海陸軍ヲ起コス所ノ事ニオイテ、地形適当ナルベシ、ナオソノ局面ノ意見アル可ケレバ贅《ぜい》セズ

これによって見ても、大久保の遷都論は、その目的地は江戸ではなく、大坂であったということは明らかである。それでさえも廟議《びょうぎ》に掛けた時、ついに容《い》れられずに了《おわ》ったのである。その後、この建議が原因となって、一度は大坂城へ行幸《ぎょうこう》を遊ばされたけれど、大久保の言うように遷都という意味の行幸ではなかった。それがどう間違えられたか、江戸へ帝都を遷したのは、大久保の建議に基づいたのだということになって、そうでもない人が、厚く祀られたのだから変なものだ。江戸っ子の気の早いのは、こういうところにあると思えば、それでも済むが、しかし、当時の奠都祭を率先《そっせん》して行った、先輩や紳士が、あまりに不詮索なことをしたと思えば、はなはだ可笑《おか》しくてならない。

2　遷都の率先提唱者――江藤新平

それならば何物が、遷都の議を天下に率先して唱えたかというと、それは佐賀藩の江藤新平であった。この人の末路は実に悲惨を極めたものであるが、一時は司法卿兼参議にまでなって、その国家に対する功労の偉大であったことは、何人《なんびと》も認めざるを得ないのである。藩における身分から言えば、見る影もない小身者ではあったけれど、貧困の中に苦学して、非常に学殖も深く、かつ頭脳の働きの極めて明敏な人であったから、何事も人に先立って独創の意見を披瀝《ひれき》することが多く、そのため一部の人にかえって嫌悪されたこともある。慶応四年の四月朔日《ついたち》に、大木民平と連名で、岩倉卿へ差し出した意見書がある。その中の一説にこういうことが書いてあった。

慶喜へはなるだけ別城を与え、江戸城は急速に東京と定められ、おそれながら、天子東方御経営の御基礎の場とされたく、江戸城をもって東京と定められ、行く行くのところは東西両京の間に鉄路を御開きあそばされ候ほどの事これ無くては、皇国後来両分の憂いなきにもあらずと考えられ候、かつ東方王化に染まらざること数千年に付き、その当時においても江戸城は、東京と定められ候、御目的肝要に存じ奉り候、これは策略も謀計も入らざる事にて、公明正大に皇国のひきあい、かつ皇威煌揚《こうよう》の基礎より後来の患慮などまで腹心をひらき、慶喜へ御諭し相成り候わば、必然慶喜拝承心服し仕るべく候、ここにおいて右の通り公然御布告、江戸をもって東京と相定められ候わば、東京の人民も甚だ安堵大悦いたすべく候、かくのごときはその関係甚大なりとす、深く御考量くださいますように、鳳輦《ほうれん》御東下これ無くばこの機会去りもうすべき、鳳輦御東下の折に当たり、徳川氏の悪政を順々御除き、深く下民の疾苦を御察し、極めて善美の政を御興されたく、いわゆる祭忠臣之墓表孝子之門をあらわし、田租を除き、廃疾を憐れみ、賢才の士を抜擢し、匹夫匹婦もその所を得さしめ、もって人心を収攬しもって皇沢を下通《かつう》するなど、鳳輦御東下これ無くては、これとてもうまくは行われない、もっともこれをなすのは極めて人を得るにこれら有るべく候

この書面には、大木と連名になっているが、これはまったく江藤の意見から出て、大木が連名したと見るのが正当である。大木は後の喬任《たかとう》のことであって、同じ佐賀藩に育ち、江藤と身分の上ではたいした相違はなかったけれど、大木の家は相当に富んでいたので、江藤が脱藩して薩長二藩の人々と相交わり、天下国家のことに奔走《ほんそう》していた時分に、大木はいつも兵站《へいたん》部の受け持ちをしていたのである。そうなれば江藤がことをなした半分の功は、大木に帰《き》さなければならない事情もあったのだから、無論のこと江藤が考えて、大木はこれに同意してこの書面を出すの運びとなったものと見るのが正当である。

最初は両人の名で出したけれど、後にはこれをもって、佐賀藩の議論として、朝廷へ建白することになった。これによってこの問題は、公然と廟議に移されたのである。そして長州藩の広沢兵助が、尚早《しょうそう》論を唱えて、容易にこの議を容れようとしない。このために一時はそのままになっていたが、のちに木戸孝允が、長崎の耶蘇教徒処分問題の視察を終わって帰ってきてから、この議を容れて、広沢を説得し、ついにこれを同意させたので、六月十九日をもって廟議は一決、木戸大木の両人が、詔を奉じて江戸に下り、有栖川熾仁親王、三条実美、大久保利通、大村益次郎らと評議することになった。江藤はその前に、鎮将府《ちんしょうふ》の役人になって、江戸へ来ていたのであるから、大木と木戸が、六月二十五日に江戸に着くと、すぐに江藤と相談の上で、三条を首席に、大久保や大村など一同と会合して、二十七日から二十九日にわたる三日間の会議において、江戸を東京と改め、鳳輦《ほうれん》の

行幸を仰ぐなどのことがここに決定して、遷都論の基礎は初めて確定したのである。ここにおいて木戸と大久保は、七月八日に京都へ帰ってきて、この旨を岩倉へ復命した。そこで正式に廟議を開き、江戸をもって東京と改め、陛下は東京へ親臨《しんりん》して政《まつりごと》を視《み》るということが定まったのである。その際、発表された詔《みことのり》に、

朕《ちん》、今万機を親裁し、億兆を綏撫す、江戸は東国第一の鎮、四方輻輳《ふくそう》の地、宜《よろ》しく親臨以て其の政を視るべし、因って自今、江戸を東京とせん、是れ朕の海内一家東西同視する所以なり、衆庶この意を体せよ

とある。またその副書に、

慶長年間、幕府を江戸に開きしより、府下日々繁栄に赴き候は、全く天下の勢いここに的《てき》し、貨財随って聚《あつま》り候事に候、然るに今度幕府を被慶候については、府下億万の人口頓《とん》に活計に苦しみ候者もあるは、不憫に思し召され候処、近来世界各国通信の事態に相成り候ては、専ら全国の力を平均し、皇国の保護の目途《めど》を立てさせらせ候ては、相叶わざることに付き、しばしば西御巡幸、万民の苦痛をもあわせ問われたく、深き遠慮をもって御詔文の旨、仰せ出され候、いずれも篤と御趣旨を奉戴し、徒に奢侈《しゃし》の風習に慣れ再び前日の繁栄に立ち戻り候を希望し、一家一身を覚悟到らず候ては、遂に活計を失し候事に付、向後銘々相当の職業を営み、諸品精巧物産盛んに成り行き、自然永久の繁栄を失わないよう、格段の心がけが肝要であること。

こういう事情から、いよいよ遷都のことが実行されることになったので、公家の大部分と皇族の一部が、隠然反対の運動を始めた。これは時勢を達観する明のない結果ではあるけれど、人情の上から見れば、実に無理もないことである。

三　明治政府の樹立

1　五ヵ条の御誓文――王政復古の真の趣意

賀陽宮《かやのみや》の事件に次いで、愛宕通旭の謀反《むほん》があり、あるいは米沢の藩士雲井龍雄の薩長藩閥に対する反抗的義兵の企《くわだ》てがあり、わずかに十二年の間に起こったこれらの事件を詳しく述べるだけでも、一部の書物ができるくらいである。その概略については後に述べるつもりであるが、今この場合には、新たに起こった明治政府の組織について、簡単に述べておく必要がある。

明治元年の三月十四日に公布せられたのが、有名な五ヵ条の御誓文である。

一、広く会議を興し万機公論に決すべし
一、上下心を一にし盛んに経綸《けいりん》を行うべし
一、官武一途庶民に至るまで各々其の志を遂げ人心をして倦《う》まざらしめんことを要す
一、旧来の陋習《ろうしゅう》を破り天地の公道に基づくべし
一、智識を世界に求め大いに皇基《こうき》を振起《しんき》すべし

徳川幕府を倒して、王政復古の布告は出したが、六百年の長い間、打ち続いてきた武家天下の有難味が、国民の骨の髄にまで染み込んでいるのだから、今にわかに王政の古《いにしえ》に戻ったのであるといったところで、ごく有《あ》り体《てい》に言えば、王化の徳に潤《うるお》っていない国民が、果たしてどれほどに有り難く思ったか、これははなはだ疑問である。また関東から奥羽の諸州にかけて天子の存在を認めていた者は、果たして幾人あるであろうか。ほとんど千年の長きを、京都に御過ごし遊ばした天子は、いまだかつて関東や奥羽の国民に、その鳳輦《ほうれん》を示されたことはないのである。建国の歴史がどうであろうと、また国体がどういう基礎の上に立てられてあろうと、直接に政治を執《と》っていた御領主様の御威光にはとうてい及ばなかったのである。

そうなれば、いよいよ新政府を樹立して、天子自ら天下万民に臨むということになっても、どこかに人心を新たにする、具体的な方針を示さなければ、国民が王政復古の有難味を謳歌《おうか》してくるわけはない。すなわちこの「五事の御誓文」は、その必要に迫られて公示されたものであって、多少文字を解する輩は、この御誓文によって王政復古の真の御趣意が、果たしてどういう点にあったかということは、想像ができたのである。

「広く会議を興して万機を公論に決する」

というのだから、天下は天下の天下にして一人の天下ではない、という実《じつ》を、この際に揚げるのであるということを、天子親《みず》から天下に声明されたことになるのだ。

あるいは、

「上下心を一にして、盛んに経綸を行うべし」

とあるのは、天子も国民もその心を一にして、わが国家の経営に当たろうということを示されたのであるから、いかなる者も歓んで、その御趣意を拝戴《はいたい》しなければならないはずである。少数の人が政治を私《わたくし》すれば、国民が苦しむ。いつも同じ調子で進んでいけば、人心が倦《う》む。ここが政治家の最も意を用いるべきところで、すなわち、

「官武一途庶民に至るまでその 志《こころざし》を遂《と》げ、人心を倦ませせないようにしろ」

と仰せられたのは、まさにそうあるべきである。

あるいは、

「旧来の陋習《ろうしゅう》を破って、天地の公道に基づくべし」

とあるから、長い間の官尊民卑の弊などは打ち破り、すべての実権が武家に偏っていたようなことも旧来の陋習の一つであるから、天地の公道によって正しきを行うという。このくらいに公平な御趣意はないのである。それから、

「世界に智識を求めて、大いに皇基を振起すべし」

というのは、この分かり切ったことが長く行われなかったのを、今この御誓文の中の一箇条として、今度こそはこれを実行せられるというのであるから、国民に違背《いはい》のあるべきはずはない。

2　五ヵ条の御誓文の草稿

今からこの御誓文を読んでみて、いかにもその字句といい、またその趣意といい、どうしてあの紛糾の最中に、こんな立派な布告ができたのかと思うくらいだ。ところが、それについて面白い話がある。この五事の御誓文は、初めからこういうものを出そうという御趣意で、あらかじめ委員を設けて、それに起草させたというよう

なわけではない。仮に設けられた鷹司邸内の太政官の一室、しかも荒むしろを敷いて経机を並べたその雑然たる体裁《ていさい》は、下宿屋にも等しい場所で、福岡孝弟と三岡八郎が、あまりの徒然《つれづれ》に悪戯《いたずら》書きをしているうちに、いつの間にか物になって書き上げたのが、その御誓文の五ヵ条であった、ちょうどそのときに、木戸孝允がやってきたから、両人は、

「こういうものができたが、何か用いる場合がありますまいか」

と言ってこれを見せると、木戸はひどく感心して、

「これは良いものを書いてくれた。さっそく、陛下に申し上げることにしよう」

と言って、その無駄書きを持って行ったので、書いた本人は意外の感に打たれた。それは無理もない陛下の思し召しを伺うというまでに、深い計画があって書いたのではなく、ただ退屈紛れに書き流したのが、木戸の気に入ってこういうことになったのだから、実は呆気《あっけ》に取られたくらいの始末であった。木戸は一、二の字句を修正して、これを有栖川宮に捧げ、それからいよいよ正式に会議にかけて、陛下へ申し上げたのち、いよいよ御布告となって出たのである。維新前後において、非常に進んだよいことのたくさんにあったその多くは、皆こういう具合に、あらかじめ企《たく》まずして不意にできたのだから、詮索するほどに維新史は面白くなるのである。

3　新政府の官制と薩・長・土・肥

さて、この御誓文を出した以上は、新しい政府の組織も、それに適《かな》うようにしなければいけない。四月二十一日には新たに官制を定めて、太政官中に、議政、行政、神祇、会計、軍務、外国、刑法の七官に置き、更に議政官の中に、上局と下局の別を立て、上局には、議定、参与を置いて、政体に関するすべてのことを議定させ、あ

るいは法律規則を制定し、その他一切の政務を決定することになって、なお外国に対する条約を定めたり、和戦のことまでも決定する権力を与え、下局には、議長と議院を置いて、上局の命令に従い、租税、貨幣、度量衡、駅逓の基礎を定め、あるいは外国通称の規則や、蝦夷開拓の方策、そのほか刑法から軍役賦のことに至るまで、一切のことを司《つかさど》り、さらに高等の裁判と行政権の一部を握る、というようなわけで、非常な権力を持っていたものだ。その他行政、刑法などの職制についても、それぞれ権限を定めて、今までは混同されていた、立法、行政、司法の三権を鼎立《ていりつ》せしめて、まったく分権の実を挙げることにしたのである。

初め江戸城の受け渡しが済むと、同時に鎮将府というものを設置して、関東から奥羽へかけての、行政司法の法務を司《つかさど》ることにした。それというのも奥羽諸藩の連盟は、そのほとんどを打ち破ったけれど、まだ会津藩が中堅となって、なかなかに凄い勢いで、王師に抵抗しているのみならず、その地方の士民は、多く大義名分とは何たるかを理解せず、旧来の藩主と領民といったような関係から、挙げて王師に反抗している様子があるので、それらの者に示すために、改めて一片の布告を発して、その帰順を促すことになった。

それは無論、詔勅《しょうちょく》をもっての御沙汰で、よく条理を尽くしたものであったから、この詔勅の出たために、会津藩と組んでいた諸侯の中にも、だいぶ離反する者ができたくらいである。その詔勅は、

朝綱一たび弛《ゆる》みしより、政権武門に委す、今や朕、祖宗の威令に頼り、新たに皇統を紹《つ》ぎ、体制古《いにしえ》に復す、これ大義名分の存するところにして、天下人心の帰向する所なり、先に徳川慶喜政権を返す、また自然の勢い、いわんや近時宇内《うだい》の形勢日に開け月に盛んなり、この際にあたって、政権一途人心一定するに非ざれば、何をもって国体を持し紀綱を振るわんや、ここにおいて大いに政法を一新し、公卿列藩及び四

方の士とともに、広く会議を興し、万機公論に決するは、もとより天下の事、一人の私する所に非ざればなり、然るに奥羽一隅未だ皇化に服せず、妄《みだ》りに陸梁し、禍を地に延《ひ》く。朕はなはだ之を憂う。それ四海の内いずれか朕の赤子《せきし》にあらざる。卒土の浜また朕の一家なり。朕庶民において、何ぞ四隅の別をなしあえて外視することあらんや、これ朕の政体を妨げ朕の生民《せいみん》を害す、故にやむを得ず、五畿七道の兵を降し以てその不逞を正す。顧《おも》うに奥羽一隅の衆あにことごとく乖乱混迷《かいらんこんめい》せんや、その間必ず大義を明らかにし国体を弁ずる者あらん、あるいはその力及ばず、あるいは勢い支える能わず、あるいは情実通ぜず、あるいは事体齟齬し、以て今日に至る是の如きもの宜しくこの機を失わず、速やかにその方向を定め、以てその素心を表せよ、朕親しく選ぶ所あらん、たとえその党類といえども、前非を悔悟《かいご》し改心帰服せば、朕あにこれを隔視せんや、必ず処するに至当の典を以てせん。玉石相い混じ。薫猶共に同じくするのは忍びざる所なり、汝衆庶《しゅうしょ》宜しくこの意を体認し、一時の誤りに因て、千歳の辱を遺すことなかれ

というのであった。

初めの新政府は、官制を定めて、三職七官を置き、各藩に沙汰を下して、徴士と貢士を出させて、政治に参与させたのである。四十万石以上の大藩は三名、十万石以上三十九万石以下の中藩は二名、一万石以上九万石以下の諸藩は一名、この割合でその人員を限り、各藩主が自ら選んで、朝廷の御用に差し出した、これを貢士《こうし》と称したのである。公議与論によって政治を定めるという趣意は、これによって実行されたことになる。また徴士とは貢士の中から、最も才能の優れている者を引きあげて、門地門閥に拘泥《こうでい》せず努めて人物本位をもって、政治に参与させたのであるから、これによって今までのように絶対的専制政治の弊害は、すべて除かれたことになったの

である。その大体はこういう風に、各藩の権利が均分されて、政務に参与しているようにはなっていたが、その実はやはり、薩長土肥の四藩の者が首脳となって、大概なことの採否は、それらの人によって決せられていたのである。その人物の一、二をあげてみれば、左記の通りである。

薩摩藩　大久保利通、小松帯刀、吉井友実、岩下方平、五代友厚、町田久成
長州藩　木戸孝允、広沢兵助、井上聞多、伊藤俊輔、揖取元彦
土佐藩　後藤象二郎、板垣退助、福岡孝弟、神山郡廉
肥後藩　副島種臣、大隈八太郎、大木民平、江藤新平

これらの者が集まって、政治のことは大小となく、すべて決定していたのである。その他各省についての官名を、一々あげてその人名まで連ねることになると、いたずらに紙数を費やすことになるから、ある事柄を述べるついでに、その必要な部分だけは、追々にあげることにしよう。

四　賀陽宮の陰謀

1　勝海舟の軍艦引き渡しのかけひき

江戸開城の際、有栖川《ありすがわ》総督宮の御沙汰に対して、徳川慶喜の名代《みょうだい》として、勝海舟が差し出した請書《うけしょ》がある。その請書の中に、幕府が従来使用していた軍艦は、一切官軍に引き渡す、ということが書いてあった。それにもかかわらず、この軍艦は榎本釜次郎（武揚）が率いていたので、実のところをいえば、今すぐに引き渡せといわれても、それだけの軍艦をさしつかえなく操縦できる者は、官軍の方にはいなかったのである。しかしながらすでに受け取ることになっている軍艦だから、しきりにその引き渡しを勝に迫ったけれど、勝は言葉を左右にして、容易にその処理を付けない。

こうしているうちに榎本たちは、その軍艦を全部率いて、蝦夷《えぞ》の方面へ脱走してしまった。そこで官軍の方からは、やかましく勝に掛け合ったが、今となっては後の祭りで、どうすることもできなかった。表面の事実はこうであるが、その裏面には勝が榎本をそそのかして、この軍艦を運び去らせたという秘密がある。陸上の幕臣を押さえつけるのと違って、海上の榎本たちを抑えるのは、よほど難しいことであるだけでなく、もしぐずぐずしていて、榎本たちが無謀な戦争でも開いた日には、それこそ一大事であって、今までの慶喜の恭順も無駄になれば、せっかく談笑の間に受け渡しをした、江戸城の始末も面倒になるから、そこで勝は榎本を説いて、

「蝦夷の地は王化の及んでいないところで、未開不毛の地であるから、彼の地に渡る者が、もしそれを第二の日本国として、開墾の実をあげ、今までの幕臣を移して、屯田兵《とんでんへい》の方法をもって、よく北門の鎖鑰《さやく》（錠と鍵。とじまり。要所）たる役を尽くせば、それこそ大したことになるのであるが、奮発してやってみる気はないか」

というような意味のことをほのめかした。

勝の胸中には、榎本たちがこの軍艦を率いて、早く江戸を立ち去ることが現時点での良策と考えて、こういうことを言ったのであろうが、もし榎本たちがその意味をくみ取って、蝦夷へ脱走してしまえば、一時は官軍の詰責《きっせき》も厳しいだろうが、この方が後日の面倒を避けるには良いと、堅く信じて計ったことである。晩年の勝がよくその当時の内情を漏らした言葉の中には、この趣旨が明らかに表されていた。

けれども、官軍の方にしてみれば、意外の感に打たれたのだから、勝に向かってその不信を厳しくなじったのは無理もないことである。大概の者は、この軍艦の脱出については非常に心配したが、この先の成り行きを見越していた一部の人は、かえってこの軍艦が蝦夷地に向かったのを、そこまで重くは見ていなかったようだ。いかに榎本たちが海軍のことに精通していて、実戦に巧みであろうとも、すでに天下の大勢がこうなってきたのを、五隻や六隻の軍艦で、どうなるものかという見込みも着いていたから、口でこそ幕府の不信はなじったけれど、心の中ではかえって厄介払いをしたような考えを持っていた人も少なくない、現に、江藤新平が鎮将府へ奉った建白書の中に、こういうことが書いてある。

東京御幸《みゆき》の儀、尹宮御陰謀露顕のこと出来、其上開陽艦のその外に脱出のこと相響き、都下人心洶洶《きょうきょう》、於雲上御疑惑《うんじょうにおいて》被為在候《もあらせられそうろう》哉に付、御遅延相成《あいなる》と伝承、大息無限《かぎりなき》次第にて御座候、脱艦の事、試に情実を以て論し候わば、困窮の者弱兵を率いて、何処の港に参り候共、上陸致して戦い候ことはできず、この寒季に向かい蝦夷行きも不智の至りなり、もし形勢を以て論じ候わば、頼む所の会津も既に城下を失い、敗亡の勢い論ずるに足らず、また徳川氏のたち難きは外夷もすでに知る所、何のために彼らを助けん、もし助くべきと思い候わば、上野一挙以前に応援申すべきものと存じ奉り候

城の受け渡しも済み、軍艦は逃げ出してしまう、上野の戦争はただ一日の戦闘で済んでしまったから、もうこれで万事は決したようなものの、奥羽の方面には、なお戦闘は続けられているのだ。しかしこれも長いことはない、という見込みは付いているが、何しろ会津藩が中心となって不平の諸侯や、浪士を集めての最後の奮闘であるから、たとえ戦局に見込みはついているにしても、一カ月や二カ月で片付くはずはない。何か思い切ったことをして、天下の人心を新しい方へ導くようにしなければ、あるいは易く見くびっている奥羽の戦争が、存外に大きな騒動になるかも知れない、というこの際に、遷都論が事実となって現れてきたのだ。

2 江戸市中の荒廃と、起死回生の遷都論

前にも言った通り、わが国が開けて以来、いまだかつて鳳輦《ほうれん》の関東・奥羽に向かわされたことはないのだから、この場合に鳳輦の江戸に入るのみならず、その帝都そのものを京都から江戸へ移すということになれば、王化の有難味が、初めて関東・奥羽の士民にまで及ぶことになる。したがって、朝廷が遷都の議を、この際に容れたのは、大いにに慶賀すべきことである。特に当時の江戸の現状は実に心細いものであって、もしこの際に遷都

の議が行われなかったならば、江戸は果たしてどういうことになったか、どうせなるようにしかならないには違いないが、江戸の前途は実に心細いもので、どんな人でもその将来の見込みにはっきりとした論断は下せなかっただろうと思う。薩摩の市木四郎の日誌に、当時の江戸の状態が、巧みに写されてあるから、その一節を掲げることにする。

江戸瓦解後の東京府内の情況は、貴賤貧困を極めること譬《たと》えようもない。旧幕臣ことごとく各所に流離転《てん》沛《はい》し、その居宅皆変じて草木の藪となり、諸侯大中小の邸宅も荒廃を極め八重葎《やえむぐら》が軒を覆う。昔は壮麗を誇った大名小路もことごとく廃墟に変じ、市街の商賈《しょうこ》工匠も過半は退転して、人々は飢餓に陥っている。中にも番町深川本所下谷の地は、見わたすかぎり空き家にして腐朽累々たり。また城内にしても、本丸は燃燼後のままに荒れ果て、狐狸《こり》の巣窟となって草木がいたずらに生い茂り、目も当てられない有り様である。西丸は殿閣のみ以前のままであるといっても、無主無人なので頽廃する所が多い。ただし内外三十六見付の門楼のみ残って旧観を保っている。二年の御東幸以来、ようやく人心安堵し民業やや開けたけれども、昔に比べれば十分の一である。したがって人心洶洶《きょうきょう》（落ち着かない）、堵に安んぜず、各藩の兵隊充満して横暴に流れ、人民は愁苦を訴えている。それで気概のあるものは各所に潜匿《せんとく》（行方《ゆくえ》をくらまし、かくれること）観望して、時をうかがって薩長二藩を討ち、これに取って代わろうと企てる者がある。この形況のまま押し行けば、数年を待たずに再度大乱になりそうな情勢である。

花の大江戸の繁盛は、果たして何がその原因となっていたのか。これは言うまでもなく、二百六十年間天下を治めた徳川将軍の居城があって、三百諸侯が参勤交代の礼を取った。このために諸侯の藩邸が設けられただけでなく、幕臣の邸宅も到るところに軒を連ねている。それに関係のある人の住むだけでもおびただしいものであったが、さらに公方《くぼう》様の御膝元という影響は、遠い田舎の人にまで及んで、何事につけても江戸の風俗や習慣が地方に及んで、自然と出入りの人も多くなって、風教（風習、風俗）文物の模範は江戸に限られていたのである。こういうことが、江戸の繁盛の原因となっていたのだが、今や将軍は職を去って、幕臣は四方に離散し、諸侯も昔日のように参勤交代はせず、今までの邸宅などはすべて空き家同様のありさまになって、現に江戸に住んでいる人だけが、たがいに品物を売ったり買ったりするだけのことであるから、今までの繁盛に比べては、とても比較にならないほどの衰頽《すいたい》を極めて、手広く構えた武家の邸宅が空虚となってはそれを補うだけの繁盛の基を他に求めなければならないのだ。ただでさえ遊民や貧乏人の多い江戸は、このまま何年かを過ごせば、容易ではない騒乱が起こるのは、火を見るよりも明らかである。

だからこそ鎮将府が設けられた最初に、江藤はこの擾乱《じょうらん》した江戸を救うことについて、長い意見書を出したのである。今一々その箇条をあげては言わないが、よく江戸の状態を見極めて、それぞれ意見を附して、救済の方法を策してあったくらいだ。それほどに差し迫った江戸の窮状が、遷都の一事によって救済し得られたのは、国民の深く記念すべきことであると思う。

しかし、江戸の人の喜びに引き替え、京都の人の悲痛は実に一通りではなかった。それはそのはずである、一千年来の帝都の地位を、一朝にして江戸に奪われることになるのだから、さすがに悠長《ゆうちょう》な京都人でも、この一事については黙って見過ごせない。特に多くの公卿《くげ》の中には、存外に気象の勝《すぐ》れていた人もあったので、ただいたずらに薩長二藩の尻馬に乗って、その野心を助けることはできないと、主張する者も少なからずあって、遷都の議がいよいよ表面に現れると、今までの不平が一事に勃発して、遷都反対の運動に移ったのである。

3　賀陽宮の遷都反対策

賀陽宮朝彦《かやのみやあさひこ》親王は、また中川宮と称し、あるいは青蓮院宮《しょうれんいんのみや》ともいい、あるいは粟田口宮《あわたぐちのみや》ともいう。かつて弾正《だんじょう》の尹《いん》であったために、尹の宮とも申し上げた御方で、非常に覇気に富んだ利《き》かん気の御方であった。昔から薩長二藩に対しては、慊焉《けんえん》（あきたらず、不満）の情を禁ずる能わず、ことさらに長州藩に対する嫌悪感は一通りでなく、何度かその権勢をへし折るつもりで押さえつけようとしたけれども世の大勢はどうすることもできず、ついに維新の大変革となり、朝廷の全権はすべて薩長の握るところとなった。職名の上においてこそ、各宮家や公卿は上位を占めていても、その実権はというと薩長二藩の代表者によって牛耳《ぎゅうじ》られてしまった。

ただでさえ二藩に対して不満の感情を持っていた朝彦親王は、ますます不快の念を抱きながらも、空《むな》しく大勢の赴くがままに傍観《ぼうかん》していたが、いよいよ遷都の議が廟堂に上《のぼ》るとなっては、もはや黙視することはできず、盛んに不平の公卿を糾合《きゅうごう》して反対はしたけれど、これもまた大勢の赴くところで、どうすることもできなかった。特に陛下の思し召しもそこにあると見れば、自分も表面に立って反対することは出来ないところであったが、幸いにも紀州新宮の藩主水野大炊守《おおいのかみ》が、宮と同じ意見をもってしきりに同士の糾合につとめていることを伝え聞いたので、家来の浦野兵庫を水野への使者として深く相結び、さらに諸藩の浪士で、徳川の再興を夢見ている者が多くあるので、これらの者を集めて、うまく事を起こして目的を遂げようと、着々とその準備活動を進めていたのである。

ところで、江戸へ出ている公卿の中に、愛宕通旭という人がいた。これもまた普通の公卿とは違って、存外に胆力もあり、独自の意見をもっていて、なかなか薩長二藩の指図に従わない人であった。多くの公卿も遷都には反対であるが、時の勢いに押されて、いずれも黙っているのを見て、愛宕卿はしきりに憤慨《ふんがい》していた。ちょうどそのとき、賀陽宮が主として水野大炊らが遷都反対を口実に、薩長二藩を押し倒して徳川再興を図ると聞き、これに同意してひそかに同志の糾合にかかった。どうせ維新の大変革があって幾日も経たない時であるから、さまざまな事情や議論を持って、薩長二藩に反対をしていた者は到るところにたくさんいたのである。自然と次から次へと連絡がついて、初めのうちは極めて少人数であったのが、いつの間にかその関係は全国へ広がって、集まってくる志士の中には、なかなかに有為の人物も多く、秋田の初岡敬治、土州の岡崎恭輔、米沢の雲井龍雄、そのほかものすごい連中がどんどん集まってくる。この事件と離れて処刑されたものが多いけれど、その実は多少の関係を持っていたのである。

さて、文久の昔、長州藩の七卿の中に数えられた沢宣嘉《さわのぶよし》が、やはり薩長二藩の圧迫に堪えきれず、非常に不平で役を退いていた。多少でも不平を抱いている者を抱き込むのがこの計画の主な目的であったから、さっそく沢にもその同盟に加わるべきことを告げた。沢も喜んで加盟すると同時に、久留米の有馬にその内情を打ち明けて参加すべきと促した。ところが、有馬はこれを聞いて非常に驚いただけでなく、もしこれを聞き流していたならば、後日になってどういうお咎《とが》めがあるかわからないと思って、この有馬の口から秘密の一部が漏れた。それから薩長二藩の主たる人々は非常に驚いて、だんだん朝廷の内議にものぼることになってきた。がしかし、何しろ賀陽宮が首謀者であるために迂闊《うかつ》に手をつけることもできず、のびのびのうちに日を送った。しかし、このまま見過ごしたとすれば、どのような騒ぎになるかわからないと、ついに一網打尽の策を立て、まず賀陽宮から処分することに決まったのである。

4　賀陽宮の処分

時に、慶応四年（一八六八）の八月になって、刑法官知事大原重徳《しげとみ》、判事中島錫胤《ますたね》の両人《ふたり》が、朝廷の内命を拝して、賀陽宮をその邸に訪ねることになった。大原は公卿の中においても、やや胆力と弁舌に優れた人で、文久三年の昔には、関東へ勅使として下り、徳川家茂をしてついに上洛せざるをえなくなるまで強硬な談判をして帰ったほどで、当時、なかなか評判の人であった。中島は四国の生まれで、慷慨悲歌《こうがいひか》の浪士から、ついにこの職につき、のちには子爵まで授けられて山梨県の知事などを勤めたけれど、これもやはり不平で、職を退いてからのちは、不遇に世を送ってしまった。今の流行《はや》りもののようになっている「一代華族論」はこの中島によって初めて実行されたのである。このごろも乃木家の問題から、一代華族論がだいぶ喧《やかま》しくなってきたが、中島は現に死ぬ時遺言して、自分の死と同時に、子爵は朝廷へ返還させることにした。遺子もよく遺言を守って、子爵にならなかった。板垣退助の一代華族論に先立って、これを実行した一事において、中島は実に立派な人であると思う。この両人が賀陽宮に謁見《えっけん》して、

「これより芸州（安芸国《あきのくに》。広島県西部）の浅野家へ御預け致すから、そのように御承《おう》けをなされい」

と、朝命を伝えたときに、宮は恐ろしい眼をして、両人を睨《にら》みつけ、しばらくは言葉もなかった。両人はただ恐縮して、宮の御答えを待つばかりであった。そして宮は、

「この一事は、予のさらに与《あずか》り知らぬことであるゆえ、たとえ朝廷の御沙汰といえども、容易に従うわけにはいかない。それとも予がこのことに関係しているという、確固たる証拠でもあるというのか」

と。こう言われてみると、何か答えなければならないから、両人は、

「御家臣の浦野兵庫という者の陳述によれば、殿下の御謀反《むほん》は明白なもので、すでにその一味徒党の連判書さえ、この通りにございます」

宮は不審の眉に皺を寄せて、

「その連判の中に、予の氏名もあると申すのか」

「殿下の御名はございませんが、その御手形はこの通りあります」

「それを示せ」

「はっ」

そこで両人は、連判書を宮の前へ差し出すと、宮は無雑作にこれを広げてご覧になったが、やがてその手形の上に、自分の手を広げたまま載せて見せて、

「これが予の手形であると申すのか。一度押した手形が、どうしてこのように寸法が違うのか、よくこれを見よ」

と、言われて両人が恐る恐る頭を上げて見ると、意外にも連判書に押してある手形は、宮が押さえている手よりはよほど大きい。こうなってみると、この争いはちょっと困ったことになったが、いまさら朝議で一決してこうなったものをこのままにして立ち帰るわけにもいかず、大原は汗を拭きながら、

「一応はごもっともでございますが、この場合においてたとえ不服はありましょうが、一時朝命に従って、芸州へ御立ち退きを願い上げます。しかし、このことにつきましては、必ず殿下のためにその冤《えん》をそそぎますことは、自分においても御引き受け致します。今強いてこれを争っては、かえって殿下の御利益《おため》にもならないと存じます故、是非自分らの申す通り、早速の御立ち退きを願い上げます。ただし殿下の尊体に禍《わざわい》の及ばないように、

重徳は死をもって弁解を仕ります故、われわれ両人の意中も御酌量《ごしやくりよう》あって、このたびの御沙汰は穏やかに御承《おう》けください」

大原もこのまま引き取ることはできないから、宮を泣き落としにかけたのである。

ここに至っては如何《いかん》ともしようがないので、宮はついに朝命に服して、芸州へ立ち退《の》くことになった。哀れ、卓犖不羈《たくらくふき》の気象を持っておられて、薩長二藩の横暴に反抗してきた宮は、この一事から不遇落魄《らくはく》に、後の半生を送ることになったのである。しかしながら、朝廷においても、宮の心事の皇室に背いたのでないということは、明らかにわかっていたのであるから、その後赦免の御沙汰が下って、一旦賀陽宮は廃止となったが、久邇宮《くにのみや》の御名義を下《くだ》し賜って、東京へ上《のぼ》ることを御許しになった、今の久邇宮家が、すなわちこれである。明治の初年には、皇族の班に列する方でさえも、こういうことがあった一事にかえりみても、薩長二藩の横暴が、どれほどに一般の人から睨まれていたか、ということの想像はつく。

愛宕卿はこのために刑死され、沢卿はますます邪魔者として扱われ、ついには憤死してしまう。その他も多く斬《ざん》に処せられて、事件の落着はついたけれど、このために不平の徒は絶滅したのではない、小さな陰謀は各所で企てられていたのである。

五　江藤新平と井上馨——予算問題の大衝突

1　明治五年の国家予算論争

一国の財政に対する予算が大切であることはいまさら言うまでもないが、明治五年の予算問題に関する内閣の紛争は、実に前例のないほどの激しいものであった。国会が開けてから、政府と議会の間に予算に関しての争いはしばしばあったけれど、政府の内部において役人同士で予算の争いから大騒ぎを起こして、恐れ多くも天子の聖断を仰ぐにいたったことは、今日までその例がないのである。仮にその争いがあったとしても、一、二の大臣の間に議論が戦わされて、いつか妥協が整い、外部にまでその内情が暴露《ばくろ》されたことはない。しかしながら明治五年の紛争は実にすさまじいものであって、ついには陛下の聖断を仰いで、辛うじてその結末をつけたのであるから、この一事をみるだけでもいかにその争いが激しかったかということの想像はつくはずだ。したがってこれは歴史上の一事件として数えなければならないのである。

表面は予算の争いでも、その裏面は長州閥に対する土肥二藩の対抗戦で、さらにその背後には薩派の一部がついていたという事情もあって、特にこの紛争は極度まで軋《きし》り合ったのである。一方が江藤新平で、その相手が井上馨というのであるから、この争いが激しくなったのも無理はない。江藤が直情径行《ちょくじょうけいこう》（相手のおもわくや周囲を気にせず、自分の思った通り行動すること）でどんどん押し進めていくと、井上が例の癇癖《かんぺき》で自分の気に入らないことは片っ端からはねつける。どっちも一度言い出したら容易に退《ひ》かない強情者であるから、どうしてもこの紛争が大きくならずにはいられないのだ。当時の大蔵卿は大久保利通であったが、岩倉右大臣の一行に加わって、欧米視察の途《と》に上《のぼ》った。そのあとは大蔵大輔の井上馨と、大蔵小輔の吉田清成の二人で省務の一切を引き受けていたのであるが、間もなく吉田は国債募集の件でアメリカへ行ってしまった。

ここにおいて大蔵省は井上一人の考え一つで自由に動かすことができるようになっていたのだ。ただでさえ人を押しのけて我儘《わがまま》を振るう癖《くせ》のある井上が、国家の財政に関する全権を握ったのだから堪《たま》らない。なにもかも自分の思い通りに遂行しようとするので、各省との折り合いが日一日と悪くなっていく。けれども井上は、そんなことには頓着なく、例の消極主義の一点張りで、各省から請求してくる予算は、片っ端から削減を加え、新しい問題についての費用などは一文も与えないというやり方だった。もっとも、当時の大蔵省は今の内務、大蔵、逓信、農商務の各省を一にして、それに会計検査院を加えたような組織で、ほとんど日本政府の実権は、大蔵省が握っているかのようであった。その実権を井上が握っていたのだから、何事も思いのままに、他人の不便など考えずにやってのける。それでは心ある者は眉をひそめて、その専横を苦々しいこととは思っていたけれど、表立ったところで、到底《とうてい》その勢力には及ばないのだからやむを得ず押し黙って、密かにその時が来るのを待っているというありさまであった。

2　江藤司法卿の巨額予算

明治五年の末に、司法卿の江藤新平から、翌六年度の司法省の経費に関する予算案が内閣へ提出された。従来の司法省の予算は五十二万円であったが、この時に提出された予算は九十六万五千七百円という巨額なもので、前年度に比べれば四十四万円余の増額である。たとえその頃ではなく、今日の財政にしても、一省の予算がわずか一年でこれほど上がったならば、それこそ衆議院で大騒ぎになる材料である。ましてその頃の四十万円はただならない大金だから、これは大蔵省だけでなく各省ともこの案を見た時は、驚かない人はいなかった。

なぜこのような予算が組み立てられたかというと、これは各地方の分掌事務のようになっていた裁判所の統一を図って、一切を司法省の所管に移すというための予算で、今までは地方に聴訟課というものが設けられ、その地方においての訴訟は完全に中央から独立して取り扱っていたのだ。それを司法省の事務に統一して、また監獄から警察のことまでも司法省の所管に移すことにしたから費用が増えたのである。予算増加の理由はこういうことであるから、よく考えてみれば強《し》いて反対すべき点はないのだが、井上は何事にも消極的で、特に明治政府ができたばかりで、財政不如意な大蔵省を引き受けていたのだから、一層に消極主義を取ったのも無理はないという見解もある。しかし、各省の予算が一般に増えてきたのに、無遠慮に削減を加えながらも、陸軍省の費用だけは一文も削減を加えずその増額をすべて認めているということがあるので、各省の不平は一層高まっていたのである。当時の陸軍には薩藩の人も多くいたけれど、それは皆隊に属していて、本省の幹部はすべて長州人で固めていたので、やはり陸軍は長州の陸軍と言ったほうが適切であった。それに対して経費の削減をせず、各省に対しては極端まで削減を加えてきたのだから、その間に井上の自我本意も多少現れていて、これに対する不快の念が、やがて反抗の気勢を集めることになったのである。

井上は司法省から回ってきた予算に対する新設の事業はことごとく棒引きにして、削減に削減を加えた結果、六年度ではわずかに四十五万円を計上することを許した。前年度の五十二万円からさらに削減を加えられたことになる。司法省からは四十万円以上の増額を提出してきたのに、大蔵省では増額どころか前年度以下に予算を切り下げてきたのであるから、この解決が無事につくはずはない。

井上もなかなか皮肉なことをしたものだ。新しい事業費を削減して、前年度の予算までに抑えておくというのならまだ堪忍もできそうだが、その予算にまで削減の手を入れたということは、初めから喧嘩腰になっているのだ。こうなると司法省の方でも、指をくわえて引っ込むわけにはいかない。まして司法卿は江藤新平であるから、ここにおいて大蔵省との交渉がだんだんと面倒なことになってきた。しかしながら井上は、その握っている実権こそ絶大なものであるが、官は大蔵大輔なので内閣に参列する権利はない。江藤は司法卿で参議を兼ねているのだから、内閣へ参列してその予算を討議する権利を持っているのである。この点については、井上も非常に困る事情ではあるが、例の負けじ魂の勝っている井上は、そんなことにお構いなしで、幾たびか内閣会議にも割り込んできて勝手な熱弁を吹いた。そこで江藤も癇癪《かんしゃく》を起こして、井上に抗弁するというようなわけで、ある日のこと、江藤は井上に向かって、

「足下《そっか》は、どうしてもわが輩の請求した予算に同意しないと言うのか」

「もちろん。こんな馬鹿げた予算に同意を与えることはできない」

「馬鹿げた予算とは何事であるか。いやしくも司法卿である拙者が、全国の裁判警察の制度の統一を計るために、実際に必要と認めた費用を請求したのであって、少しも私心によって決めたことではない。それにもかかわらず馬鹿げた予算とは何事であるか、その答えを聞こう」

と語気も荒く、肘を張って井上に迫ると、井上も負けてはいない。

「いくら必要と認めたからといって、一国の経済には限りがあるものだ。今後のわが国はどのような具合に発展していくかわからないが、とにかく現在の国の経済はそのような無謀な計画に対する費用を支出するだけの経

済になってはいないのである。また国の政治は司法省だけがやっているのではない。各省とも皆政治をやっているのであるから、その折り合いも考えていかなければならない。君は自分が司法卿であるという立場から、司法省の都合だけ考えて予算を立ててくるから、このような馬鹿な案が出来上がるのである。少しは各省との釣り合いを考えてみるがよい。だから君の案は馬鹿げているから、馬鹿げていると言ったのだ。そこに何の不思議があるのか」

「これはけしからん。各省との釣り合いを見て出せというのは何事であるか。司法省はどこまでも独立しているのだから、司法省としてこうしなければならないと思ったことを計画して、それに対する予算を請求するのに、各省との釣り合いを考慮する必要はない。各省も同じことで、必要と認めたことは遠慮なく請求するがよい。今後のわが国において、最も大切である司法事務の統一を図ることが、なぜ必要ないというのか。これは一日も早く統一しておかなければ、国に害を及ぼすことになることは、三歳の児童でもわかっている。君も大蔵大輔をやっている以上、そのくらいのことがわからずに、御役が務まるものか。ただ漫然と国の経済を口実として、これを阻《はば》むのはけしからんことである。わが輩が提出した予算案よりも、君の反対理由の方がよほど馬鹿らしいではないか。一国の財政でも司《つかさど》ろうという者は、もう少し進んだ考えを持っていなければならない。どうしても君はこの予算案に同意することができないというのか」

「もちろん、国の経済が許さない以上は、たとえどれほど必要なことでもしかたがない」

「君の言う国の経済とは、どういうことを指しているのか。国において必要と認める経費を値切り倒すのが、いわゆる国の経済なのか。そんな馬鹿な経済はないはずじゃ。君の言う経済はただ算盤勘定《そろばんかんじょう》の上で金がかかりすぎるから出せないということであって、真に経世済民の目的から出た経済論ではないのである。そんな馬鹿げた了見で財政の運転はできるはずはない。君は何と言っても、わが輩は必ずこれだけの経費を支出しなければ承知できない」

「何と言っても、わが輩の方では出さない」

「いや、必ず出させてみせる」

このような調子で、ついには声を荒げて互いを罵《のの》り合った。他の連中がようやく仲裁に入ってこれを引き分けてことなきを得た。こんなことは何度あったか知れないのである。

3　江藤新平の意見書

しかしながら当時の太政官には、この争いに適当な採決を与えてことを円満に処理するというほどに手腕のある人物がなく、ただ双方の主張を聞き取るばかりで一向に問題の解決がつかなかったのである。ややもすれば井上の主張が太政官に受け入れられそうな様子もあったので、江藤は決心して明治六年一月二十四日付けで辞表を提出した。ところがこの辞表は、事故があって辞めるとか、病気のために辞すというのではなく、堂々とした一篇の意見書であった。このような意見書を辞表に代えたのは、ほとんど大正の今日に至るまでその例を見ないのである。この意見書によって、当時の内閣の有り様の一端が窺われる。

4　大隈重信の解決策

この辞表に引き続いて、司法大輔の福岡孝弟も同様の意見を認めて、速《すみ》やかに政府が江藤司法卿の意見を採用してこの問題の解決をするようにと書いて出した。引き続き、司法大丞の楠田英世、同じく警保頭の島本仲道、司法少丞の渡辺驥《すすむ》、同じく丹羽賢の四名は、連署によって正院に向かって意見書を差し出した。それと前後して、文部卿の大木喬任が、文部省の費用を削減されたために、不平を唱えて、猛烈に井上へ反抗を始めた。こんな調子で各省とも皆意気込んで、井上に対抗を始めたのは、その一面を見れば、井上排斥《はいせき》の理由とも見られて、すこぶることは面倒に立ち至ったのである。しかるに、太政《だじょう》大臣の三条実美は、こういう面倒な問題が出来た場合には、それに対して相当の裁断をするべき位置にいるにもかかわらず、例によって例の如く優柔不断で、一向に適当な処置をとらなかったために、問題はますます紛糾《ふんきゅう》してきて、大蔵省の方では、その争いが解決されない間は一文も出さないと頑張っていたから、とうとう司法省の役人は、二カ月の間給金をもらうことができず、肝腎《かんじん》の江藤や井上の争いよりは、その月給をもらえない連中の騒動が大きくなって、銘々に太政官へ押しかける奇観は、とても今日の時代には見ることのできない図であった。ここにおいて太政官は、臨機の処置をとることになり、金三万両を内金渡しとして、とりあえず司法省へ廻《まわ》したので、給料の方は解決がついて、その騒動はおさまったが、肝腎の本問題については、どうすることもできなかった。もっとも、三条から江藤に向かって、

「相談したいことがあるからぜひ来てくれ」

という書面はあったけれど、江藤は行くことを拒《こば》んで、その相談には応じなかったのである。事ここに至ってはもはや致し方がないから、さきに意見書を出した福岡たちも、ついに辞表を差し出すことになったので、司法省はほとんど空き家で事務を執《と》るような、心細いものとなってしまった。しかしながら江藤はじめその他の者の辞表に対しては、二月上旬になっても、いずれも、

「辞表の趣、御沙汰に及ばず候事」

という指令が付いて、書面は却下されたから、辞職騒ぎの方も、これで一段落となったが、さて本問題の予算の方はどうなるのか、これについては太政官自ら進んで、解決を与えなければならないことになったのである。しかるに当時大坂へ出張中であった参議の大隈重信がたまたま帰京したので、太政官は大隈に命じて、この問題の調査をさせることになった。ところが大隈は井上と違って、その時分から何事も積極的に行く方で、特に井上に対する幾分の感情もあって、井上の予算論を根本から覆《くつがえ》し、

「わが国の財政は、井上大蔵大輔の言うような、窮乏《きゅうぼう》を告げているものではない。司法、文部の両省からの要求額を、十分容《い》れるだけの余裕はある」

という意味の報告書を提出したから、太政官の意見もようやく決定して、大蔵省へは両省の要求額を速やかに支出しろ、との命令を発することになった。ここにおいて井上は、ついに癇癪玉《かんしゃくだま》を破裂させて、大蔵省を飛び出す。今の渋沢栄一が辞職したのも、その時のことであって、この紛争はついに延びて、例の尾去沢《おさりざわ》銅山事件にまで波及《はきゅう》したのである。

井上が、当時の貧弱な財政を預かっていた立場から、あくまで消極的に各省の経費に削減を加えたものを、まったく井上の立場としては無理もなかっただろう、とにかく、江藤の請求した予算に対する新事業というのは、今日の裁判制度のことなのであるから、ただ当時の財政の事情ばかり見て、これを焦眉《しょうび》の急《きゅう》としなかったのも一理あるが、しかし江藤がたとえ今日のことで、それで過ごすことができても、明日のことが憂慮《ゆうりょ》に堪えない、という意味から、あくまでもその主張を曲げずに、ついに意見付きの辞表を捧呈《ほうてい》して、どこまでも争って、ついに打ち勝ったという。その意気は実に感ずべきもので、また一国の政治家としては、これまでの誠意を持って争うという覚悟がなければならない。僕は、江藤の請求を拒んだ井上を、悪い人とは思わないと同時に、井上をた

たき落とすまでに、腕によりを掛けて、自分の主張を立て通した江藤には、特に尊敬の念を持ってこれを見ようと思うのである。

六　山県有朋と山城屋事件

江藤新平は井上馨と予算について非常な争いはしたが、ついに自分の意見通りになって、司法事務の改善と拡張ができた。そこでこれからは、長州派の政治家が今までに意のままの振る舞いを押し通してきた、その弊害に向かって一大鉄槌《てっつい》を加えようと、心密《ひそ》かに機会の来るのを待ち受けていた。すると有名な山城屋事件というのが起こった。

1　奇兵隊の仲間

長州の奇兵隊は、初め久坂玄瑞《くさかげんずい》が唱えて、のちに高杉晋作が組織した一種の義勇兵であったが、ついに長州藩の中心勢力となって維新前後に一大飛躍を試み、この奇兵隊に属する人の活動が、ほとんど長州藩の維新の際における、歴史の一半を作ったといってもほめすぎではない。最初の監督は赤根武人《たけと》がやっていたのだけれど、長州藩の幕府に対する議論が、硬軟二派に分かれたとき、その主張が軟派に傾いていたために、硬派の者からひどく迫害を加えられて、ついには一時身をくらましたが、そののち無惨な最期《さいご》を遂《と》げてしまった。

山県狂介《やまがたきょうすけ》が監督になったのは、それから後のことであって、彼はどこまでも高杉と同じように硬派の立場にあったから、赤根と違って評判も良く、特に山県はその時分から、思慮が緻密《ちみつ》で、何事にも軽々しい進退をしないというところが、ひどく同志の間の気受けをよくして、明治政府に入ってからも、長州派の軍将を代表するような、偉《えら》い身分になってしまったのである。

官軍が徳川征討で、錦《にしき》の御旗《みはた》を看板に、江戸へ押し寄せてきたときの奇兵隊は、特に元気な連中が多く、したがって山県の左右にはさまざまな人物がいて、これを補佐していたのだ。その中において、もっとも山県の心を得たのは、野村三千三《みちぞう》という人であった。今から十年ばかり前に、新派の芝居が盛んになったとき、「勤皇美談の野村三千三」と題して、京都の五条橋下に乞食となって阿呆陀羅経《あほだらきょう》を歌いながら、密《ひそ》かに佐幕派の行動を探偵していたという筋の芝居が行われたが、その主人公の野村三千三がすなわちこの人である。


江戸が東京と改まって、帝都は京都から遷《うつ》され、天下は元の太平に復して、これから万般の政治が新しくなるというとき、兵部省の組織が作られて山県は陸軍に入ったのである。今の海軍と陸軍の二省を一つにしたものが、その頃の兵部省であって、最初は大村益次郎が兵部大輔を勤めていたのだ。その大村が暗殺されたあとを承《う》けて、兵部大輔となったのが前原一誠である。前原は不平で職を辞し、萩へ帰ってから兵を起こして、間もなく敗れて斬に処せられた。前原のあとを承《う》けて、山県は兵部大輔になり、それからだんだんと勢力を扶植《ふしょく》して、ついに陸軍は山県の占有《もの》になってしまったのである。

野村も山県の尻に付いて、そのまま陸軍に居座れば、無論のこと相当の官位は得たであろうが、豪胆にして機知に富んだ野村は、深く前途を考えて自分の一生を民間で送るべく覚悟して、しばしば山県にも勧告は受けたけれど、ついに押し切って民間へ下《くだ》ってしまった。しかし、ただ空《むな》しく民間の人となって、一生を送るという考えはないのだから、どこかにその奇才を働かせ得るべき、舞台を探し出さなければならない。それについて野村は山県を訪ねた。

2　陸軍の御用達になりたいのだ

「やあ、野村か。しばらく見えなかったのう」

「今日は折り入って相談したいことがあるのじゃ」

「うむ、何か」

「実は、自分の一身について相談したいのじゃ」

「全体、どうしようというのか、このあいだも懇々《こんこん》と話した通り、維新の際にあれだけの働きをして、これからが自分たちの天下になるという場合に退身してしまっては、貴様もつまらないことになるじゃろうから、どうじゃ、もう一度陸軍へ入ったら」

「いや、その勧告は止《よ》してくれ、わが輩は別に大いに考えるところがあるのじゃ」

「どういう考えか知らないが、川育ちは川で果てるという諺《ことわざ》もある。やはりわれわれは武士らしいことをしていたほうがよかろうぞ」

「しかし山県、わが輩はこう考えている」

「ふむ」

「これから陸軍へ入って、わが輩が思った通り出世が出来るとしても、君より上にはなれないと思うのじゃ。それでは人として生き甲斐がなかろう」

「これは恐縮した、ずいぶん厳しいことを言うのう、はっはっは」

「君の前で、こういうことを言うのは少し無礼かも知れないが、わが輩はそう思っているのじゃ。そこでわが輩も、いずれかにこの志を伸ばす途《みち》を求めなければならないが、さて大小を差して威張っていた武士《さむらい》が、いまさら小商人《こあきんど》になって世辞愛嬌《せじあいきょう》を振りまいて、他人の機嫌を取るわけにもいかないから、同じ商法をするにしても、そういううるさいことのない、威張っていて儲かる商法をやってみたいと、熟考した末、今日は相談に来たのじゃ」

これを聴いた山県は、眼を丸くして、

「ふうむ、それはえらい決心じゃな、町人に成り下がるつもりか」

「そうじゃ」

「なぜ、そういうことを考えたか」

「それは、今言った通りの次第で、政府の役人として十分に権威を振るうことができないとすれば、町人に成り下がって、金の力で多くの人を動かしてみたいと思う。またこれから先の世の中は、町人といっても今までのようなものではない。わが輩、つくづく考えた末、これがいちばんに良い分別と覚悟を決めてしまったのじゃから、今さらに止め立てをしてくれるな」

「そういうわけならば、強《し》いては止めないが、しかし、今日の相談というのは何か」

「そこで君の力を借りなければならない。それも末長くというのではない。初めのうちはどうしても、そうしてもらわなければ、自分の思い通りにならないから、ぜひこれだけは聞き届けてもらいたい」

「どうしろというのか」

「実は、陸軍の御用達を引き受けさせてもらいたいのじゃ」

「なにっ、陸軍の御用達になりたいというのか」

「うむ、そうじゃ。それも為替《かわせ》方を引き受けたいというわけではなく、陸軍で使う品物の買い入れは、一切わが輩の手を経《へ》てするようにしてもらいたいのじゃ」

「なるほど、それは面白い」

「君の声掛かりでそれができるとなれば、世間で言う士族の商法ではなく、相手が政府じゃから貸し倒れもなく、品物を持ってきて、右から左へ金の受け渡しが出来るのじゃから、損をすることはないのは請け合いという、まことに手堅い商法じゃ。それをやっていくうちに、幾分か商売の駆け引きも覚えるじゃろうし、町人の気心もわかってくる。それからさらに独立して、大きな仕事にかかろうというのじゃ」

「そういうことは、われわれと違って貴様は、なかなか奇才に富んでいるから、あるいは大いに成功するかも知れない、奮発してやってみたらよかろう」

「うむ、ぜひやらせてもらいたい」

これから野村は、陸軍の御用達をすることになったのである。

3　山城屋和助の大きな目標

山県はじめ長州出身の友人は陸軍の主要部にたくさんいるが、自分より一枚上の人として敬意を払うのは山県くらいのものだ。その他は多く同等の位置にいたり、または自分より下《した》にいたものばかりであるから、役人のご機嫌を取ることばかりに腐心している今どきの御用商人にはとても見ることのできない、一見見識のある御用達であった。どういうわけかは分からないが、御用達になってからの野村は屋号を山城屋と称して、通称を和助と改めたのである。同業者と競争入札で、さんざん揉《も》み合った上に、係の役人へもたくさんの賄賂《わいろ》を贈らなければ

ならないというような窮屈な御用達ではなく、

「これだけの品物がいるから何時《いつ》までに持ってこい」

という沙汰があればすぐにそれを揃えて持って行く。品物の善し悪しはしばらく置いて、山城屋からの品と聞けば、係の役人はろくに検査もせずに通してしまう。すべての官省の勘定は、その支払いの期日にも面倒なことがあって、右から左に売り込んだ品物の代金が取れるものではない。会計係の役人へ十分の付け届けがしてないと、支払日の期日になってまごつかされることがある。

しかし、山城屋にはそういう心配は少しもないだけでなく、勘定を受け取るべき日が来なくても、商法の都合上、どうしてもこれだけの金がなければ具合が悪いというようなことがあれば、会計係にちょっと耳打ちしただけで受け取るべきはずの金よりは、多くの金を下げられることもある。今のように会計法の規定もろくにできていなかった時代であるから、その融通は十分につくのだ。納める品物の検査が寛大で、代金が自由に下げられるとなったら、官省の御用達くらいよい商売はない。諺《ことわざ》にいわゆるやらずぶったくりで、儲かること請け合いの、絶対に損はしない用達であるから、山城屋の身上が肥《こ》えていくのも無理はない。

けれども、和助はこんな小さなことであくせくしているつもりはないのだ。その前途にはすこぶる大きなものを目指していたのである。つまり陸軍の御用達になったのは、その資本の一部を作るという考えもあったろうが、とにかく、商法の味を十分に飲みこんでしまわなければならないから、それには御用達となって、町人の仲間入りをして、朝夕の交際の間に、他人の気心も飲みこみ、商法の駆け引きも覚える。自分が尻端《しりはし》折《しょ》りで品物の受け渡しをするわけではないが、その心がけがここにあれば、やがて商機のいかなるものかは分かってくるはずである。和助が深く目指していたのは外国人を相手に大きな商法を営んでみたいという点にあったのだ。特にわが国産の第一に数えられている生糸の売り込みをやってみたいという考えがあったから、しばしば横浜へ出かけては、商館において取り引きの模様も見たし、また売り込み商の駆け引きのありさまもすっかり研究して、もうそろそろ本業として取りかかってもよい、という見込みがついたから、山県を訪ねてこのことを話し出したのである。

山県は井上ほどに世間の批判をかまわず、踏み込んで人の世話をすることはないが、しかし、全体が面倒見のよい人であるから、一度目をかけて世話甲斐があると思えば、かなりのところまでは、踏み込んで、その人を引き立てることをするのだ。現に大浦兼武《かねたけ》が、あれだけに根強い勢力を持ったのは、まったく山県に知られたからであって、その原因はどういう点にあったかといえば、ちょうど、憲政党内閣が組織されたときに、大浦が熊本県の知事をしていた。いよいよ憲政党内閣が組織されたと聞いて、すぐに電報によって辞職を申し出た。それと同時に県庁へは足を踏み入れなくなった。苟《いやしく》も地方の知事が、政府の代替わりになった場合に辞職する、それを一本の電報で知らせたというところが、ひどく山県の気に入って政党嫌いの山県の頭の底に、深く大浦の名が刻まれてしまったのだ。それから後の大浦の出世は一般の知る通り、トントン拍子で素晴らしいことにはなったが、あの旧式な政治家が、あれまでの地位を得た原因がここにあると思えば、一本の電報も気軽には打てないことになる。

また清浦奎吾《けいご》が山県の腰巾着になって、今日の地位を作った、その経路はやはり大浦と同じようなもので、明治十九年ごろには警保局長として、山県の意を受けて、さかんに政党員や民間の志士論客に圧迫を加えたものだ。山県は元来、政党のことをよく知らずに、これを嫌っていた人であるから、清浦の立ち働きが政党をひどく圧迫したという点に惚《ほ》れ込んで、しきりに世話をしているうちに、清浦の勢力はあれほどまでになって、一時は貴族院の中心人物にまでなったのである。

その他にも山県の引き立てに与って、今立派な人物になっている者も多いが、とにかく、山県の井上と異なっているところは、同じように人の世話はしても、井上ほどには熱せず焦らず、世間体をうまく誤魔化《ごまか》してこっそりと世話をするから、わりと一般の人にはその関係を知らないで過ぎたものが多い。特に山県の縄張りは陸軍にあったために、広く財界の人にまで向かって世話をすることはなく、そのために世間の批評に上ることが自然に少なかった。井上は主として財界の人の世話をしたから、いつもその間に金銭の問題が伴って、いかにも欲張り親爺《おやじ》のように思われていた。この点において、山県と井上はいささか相違している。

しかしながら山県には、井上のようには算盤《そろばん》が分からず、また伊藤のように書物を読まないから、正面に立って働く大政治家としては、大いに欠けるところがある。蔭の人となって、元老風を吹かせているのには、最も適した人物である。思うに、ある点までは自分が責任を負って、町人の世話をしたのは山城屋くらいのものであろう。もしこの和助が大成功して、大坂の藤田のようになったなら、あるいはなお踏み込んで同じような人の世話をしたかも知れないが、最初に手掛けた和助のために大迷惑をしたために、ただ一度で懲《こ》りてしまって、その後はあまりこういう方面の人に近づかないようにしたというのも、山県が割合に潔白の人であるかのように批評される原因となっているのだ。

4　陸軍の遊金五十万円の融資

昔をいえば自分と同志の一人であって、同じ奇兵隊の中に起臥《きが》していたのであるから、山城屋に対する山県の同情は、たしかに十二分のものがあったに違いない。また個人としての山城屋を見れば、いかにも豪胆なところがあって、しかも機知に富んでいるから、幾分かその人となりにも惚れ込んでいたところがあったのだろう。陸軍内部のことは、自分の自由になるのだから、山城屋のために与えた援助も、十分に行き届いたのである。ただその後は山城屋がどういう風に伸び立って行くかという、それについてはさすがに思慮の緻密な山県は、深く注意していたのだ。ところが、初め自分を訪ねてきて請け合った通り、いかにもその商売振りが立派であって、十分に成功の跡は認められたので、山県も幾分の安心はしたのだ。ある日のこと、山城屋が訪ねてきたというので、すぐに面会して、

「やあ野村、よくやって来たのう、この頃は役所の中でもだいぶ評判が良くて、俺も実は嬉しく思っているのじゃ」

と言われて、山城屋も頭をかきながら、

「初め思ったのとはだいぶ様子の違ったところがあって、実は閉口したが、これまでの決心をしたのを今さらやめるわけにもいかず、まあ辛抱したらどうにかなろうと、あくまでやってみるつもりじゃ」

「うむ、それでなくてはならん。人はいかなる仕事にかかっても、飽きるのが一番いかんのじゃから、十分やってみるのがよいだろう。商売の様子はどうじゃ」

「さあ、今までのところでは陸軍相手のことで、君から口添えを受けているので、少しも過ちなく、順風に帆をあげているようなものじゃが、しかし、こんなことをいつまでもやっていたのでは仕方がない。つまり、日本人の懐から日本人のわが輩が金を受け取ってきて、また日本人の懐へ運んでいくというようなもので、自分だけは飯にありついているじゃろうが、大切な日本の国家が富んで来ないから、それではわが輩が町人に身を落とし

た効《かい》がないのじゃ」

「うむ、なるほど」

「どうしても外国の金を日本へ引いて、それを使うようにしなければ、日本の国は富むものではない、そうなると、何よりも貿易の方に一肩入れてみるのがよいと思う。まず日本の国産としては生糸が第一じゃから、これに手をつけてみようと、このあいだからいろいろに考えて、今日はその相談に来たのじゃ」

「ふうむ」

「生糸は金高《かねだか》のものでもあり、これを十分に改良して、得意を外国に求めれば、世界中が相手になるのじゃから、一年には何百万両という代金が、日本国へ入ってくることになる。また仲買をするものは横浜にたくさん在る、輸出商というのがそれじゃ。この頃もしばしば行って、その様子を見ていると、いかにも規模の小さいもので、自分が十分の資金を下ろして生糸を蔵へ積んで置いてから、さあ値がよかったら売ってもよい、安ければ高くなるまで待っているという、それだけの準備はない。ただ地方の荷主から預かってきて、その預かっている間の倉敷料《くらしきりょう》を取り、また売り込む場合にいくらかの口銭を得て、それで満足している者ばかりであるから、本当の儲けはやはり、居留地へ店を張っている外国人に占められてしまうことになっているのじゃ。それでは何のためにもならないので、わが輩は地方の荷主と特約を結んで、外国人を相手に高ければ売る、安ければ売らないという方法で、十分やってみたい。また場合によったら、外国人の本国へ照会して、直接取引もやってみたいと思っているのじゃ、が、それには多分の資本《もとで》を要する。わが輩の昨今の境遇ではいかに焦っても、それだけの資本がないのじゃから、そこで君の同意を得て、この資本を得たいと思うのじゃ」

こういうことにかけては、極めて感じの鈍い山県も、話巧みに説きつけられたので、いくらか乗り気になって、膝の進むのを忘れて、山城屋の説法を聞いていたが、

「貴様の言うことはとてもよく条理は立っているが、俺に金を出せといっても、俺は貴様の知っての通りじゃから、どうすることもできない。五百両や千両の金ではできることではないのじゃろうから、もう少しできそうなことを相談に来たらどうじゃ」

「いや、別に君の懐を当てにして相談するのじゃない。これだけの商法をするくらいの金は君のひと声ですぐにできるのじゃから、それを見込んで相談に来たのじゃよ」

「ははあ、どういうことを見込んで来たのか」

「陸軍にたくさんの遊金《ゆうきん》がある、それをわが輩の方へまわしてもらいたいのじゃ」

「えっ、何じゃと、それはけしからん相談じゃ」

山県の驚くほど、山城屋は落ちついて、

「そんなに驚くには及ばない。わが輩がこう言い出したからといって、陸軍の金を着服しようというのではない。ただ蔵の中に金を遊ばせておいたところで、その金が増えるわけでもなく、誰も儲かる者はないのじゃ。それよりはどうせしまっておく金ならば、わが輩に使わせて、年に四朱か五朱の利子《りし》を取ったほうがよかろう。わが輩はまたその金を持って大きく生糸の輸出を計画して、それから得たわが輩の儲けは、わが輩が日本人である限り、日本の国の儲けになるわけじゃ、その上に陸軍が利子を取っているのじゃから、二重に儲かるようなことになる、どうせ陸軍で必要な品物を買うための金でもあろうし、また万が一の時に備えるための準備金でもあろうから、いつでも返納するという保証はする。べつに泥棒するわけでもないのじゃから、君のひと声でその遊金

を使わせてもらっても、あえて差し支えはなかろうと、深く考えて相談に来たのじゃから、わが輩の心をよく知っている君が、そうけしからんといって驚くにも及ぶまい」

聞いてみれば、山城屋の言うところにも一理はある。しかし、陸軍の金を一個の町人に使わせるのはどうであろうか。山県はその点についていくらかの躊躇《ちゅうちょ》をしたのだ。才知の溢れるような和助は、今日山県に話して、すぐその返事を求めるという、そんな考えはないのである。その日はほどよく話し込んで帰ったが、これからしばしば山県の邸《やしき》へ足を運んでいるうちに、とうとう説きつけてしまったのである。

もっとも、その裏面には会計監督の木梨誠一郎もいて、これは山城屋と深く結託《けったく》して、うしろの方から山県を説く役回りになっていたのである。算盤のことに疎《うと》い山県は、信じ切っている木梨が会計監督として山城屋の説を認めることになっているのだから、どうしてもその心を動かすようになったのである。

この陸軍の遊金というのが、今から考えると、予備費のようなものであったに違いない。六、七十万両の金は、いつでも金庫の中にあるようにしてあった。それを和助はよく知っているから、初めからこれに目をつけて店を開いたようなもので、もう程合《ほどあ》いがよいと見たから、山県を口説きはじめたのだ。しかし、才知に優れている和助であるから、不意に山県を説いたところで、小心の山県にこの大胆なことが容易には断行できないと思って、そこで木梨をはじめ山県の左右にいる者を、前もって説きつけておいて、自分は表面から説きに来たのである。その筋書きがうまく図星に当たって、最初に五十万両の大金を取り出すことになったのだ。

5　生糸での大損と追加融資

横浜の南仲通三丁目へ山城屋の商店が設けられた。その開業式の当日に、日の丸の国旗を出したことが評判になって山城屋の名は、一時に内外へ喧伝《けんでん》されたのである。今でこそ、町内の祝い事にさえ、日の丸の国旗を使うようになったが、その時分には、まだ軒先《のきさき》に国旗を掲げて祝意を表するなどという奇抜なことは一人としてやる者はなかったのだ。山城屋の前身を知らない者は、その大胆なことに驚いたであろうが、また、心ある者は山城屋が普通の商人でないということを、早くも悟った人もあるだろう。

とにかく、こういうわけで、何事も人目につく、奇抜な商法のやり方が、外国人の心を引きつけて、今までの輸出商よりは、新たにできた山城屋の方へ、段々と得意が付いてくるようになった。それには五十万両という大金が、資本として積み込んであるので、地方の荷主と交渉するにしても、現金を握っていれば相談のまとまりも早く、自然と荷回りも敏活《びんかつ》になる。こうして取引先の外国人は、山城屋を深く信ずるようになった。大きく取り引きをした結果がとても良く、陸軍の方へは利子を納めて、損益勘定の表も示した。山県はじめその味方の人達は小躍りをして喜んだくらいであった。

ところが、損益交々《こもごも》いたるところに商法の真味はあるので、これが商売をはじめさえすれば必ず儲かって、永久に損をしないと限っているものではない。まして、生糸のような相場に変動のある、金高のかさむものは、損益の差もはなはだしいに決まっている。トントン拍子にうまく儲かった、そのはずみに乗って山城屋が、思い切って仕掛けた商法の目算が外れて大損をすることになった。それは明治三年から四年にかけての有名な普仏《ふふつ》戦争（一八七〇―七一。プロイセンを主とするドイツ諸邦とフランスとの戦争。独仏戦争）の影響を受けて、生糸の相場が非常に下落を告げたときである。

和助がいかに豪胆な人でも、政府の金を融通しているのだから、その損失の大きい分だけ、また心配も深くなるわけだ。どういう理由でこの相場が下落したか、それはいよいよ損と決まってから、ようやく分かった。普仏戦争の結果だと聞いて、戦争のために下落した相場なら、戦争が済めばまた高くなるだろう、という月並みな考えは和助にもあったのだが、ひそかに考えるに、これは自分が西洋の市場に乗りだして、向こうの大商人と直接の関係を結び、売り買いは一本の電報で決めるようにしなければならない。横浜の外国人の手を経て取り引きをしていて、世界を相手にする品物の相場が、こういう風に下落してさえも、その原因を後から知るようなことでは、とても将来の発展は覚束ないと、こう考えてはみたが、さてそれをするには、さらに数万の金を要するのであるから、これには和助も困ったが、もとから肝っ玉のある人なので早くもその決心をつけて、ある夜、ひそかに山県を訪ねて、これを説くことになった。

山県は山城屋が来ないでも、こっちから迎えを出そうと思っていたのである。よく分からないが人づてに聞くところでは、山城屋はだいぶ損をしたということであるから、もしその損失の尻が陸軍の方へ及ぶようなことがあっては一大事と、そこは本当に小心な山県であるから、人一倍の気苦労はしていたのである。そんなところへ、山城屋が来たのを幸いに、さっそくに面会することになって、しきりにその損害の程度を尋ね、あわせて善後策を執拗《しつよう》に聞き質《ただ》すので、さすがの和助もいささか閉口した様子であった。

「君のようにそんなにしつこく言っても困る。儲けることもあれば損をすることもある。いつでも儲かるに決まっているのなら、誰でも町人になってしまう。大きく儲ける者は大きく損をする。小さく儲ける者は損も少なくて済む。それくらいのことは君にしても分かっていなければならないはずじゃ」

「それは、貴様が言わないでも、そうに違いないが、あの資本というものが、つまりわが輩の金ではないのじゃから……」

と言いかける山県の言葉をおさえて、

「まあ待ってくれ。そう頭からまくし立てられては、わが輩も閉口する。諺にもある通り蒔かぬ種は生えぬ、というのはこれじゃ。大きく損をしてみせるから、相手の方も乗り込んできて、この次には先方が損をするということになっているものじゃから、そう心配するほどのことでもない。今日来たのもその回復作戦の相談であるから、まあわが輩の言うところを一通り聞いてくれ」

「貴様はそう落ちついているが、俺はなかなか心配になるのじゃから、それでこういうことも言わなければならないのじゃ。全体、損金はどれほどなのか」

「そんなことは聞かない方がよかろう。敗軍の将は兵を語らずの格言もある。これもまず繰り返すことはやめよう」

「いや、そうではない。損金はどれだけあるか、一応打ち明けてくれないと、俺も困る」

「これが一期とか半期とかいう、清算の時がきての場合なら打ち明けもするが、取り引きをして損益のあるたびごとに、一々その報告をする必要もなかろう。戦争に軍機の秘密がある通り、商法にもまた駆け引きの秘密はある。したがって損益の上にも秘密があるのじゃから、そんなことはどうでもよいとして、もし強《し》いてそれを知らなければならないというのなら、借り下《さ》げた五十万両は全部損してしまったと見たらよかろう」

あくまでも大胆な和助は、こう言って山県の顔を見つめた。山県はあまりの暴言と思ってか、呆気《あっけ》に取られて、これを追いつめる言葉も出ない。

「今言った通り、五十万両が全損《まるぞん》となったとして、今日は相談をしてみよう。さてこれをどうやって取り戻すのかという段になると、ただ一策があるまでじゃ。それはわが輩が西洋へ出かけて行って、これからのちは一切、本国の外国人と直接取引をするほかない。今回の損失は、普仏の間に起きた戦争が原因になっているのじゃから、実をいえば、われわれの方にも迂闊《うかつ》な点もあったのじゃ。こういうことのないようにするためには、あっちへ行って、直接の取り引きを開くほかはない。これさえできれば、今までの損失を埋め合わせて、これから先の大きい儲けを見ることもできるのじゃから、ぜひこれには同意してもらいたい」

「ははー、俺にはどうもそのへんのことは分からないが、木梨は何と言った」

「うむ、彼はもう差し支えない。さすがに刀は差していても、会計官をやろうというものは、どこかに違ったところがあって、計算のことは明るい。わが輩の言う通り外国人の本国へ渡って、直接に取り引きを開くのは、至極結構であると言って同意している」

「そうか、木梨はそれでよいと言うのか」

「そうじゃ」

「そういうわけなら、いずれ木梨にも意見を聞いて、更に貴様に会って今後の相談をすることにしよう」

「それじゃあ、どうか、そうしてもらいたい」

これから酒肴《しゅこう》が出て、懐古談《むかしばなし》に時を移して、山県の機嫌も直り、山城屋は引き取った。

和助の要求は陸軍の遊金がまだあるから、今まで借りた金のほかに、もう十四、五万両貸してもらいたいというものであった。今度は木梨もいくらかは反対したが、要するに自分たちが承知の上で貸し出した金の取り戻しをする必要があるのだ。それには資本の追増をしてやらなければならない、これは本当に困ったことではあるが、山城屋の事情を察してみれば、そうするほかはないのだ。自分たちの立場から考えても、乗りかかった船で、そこまで後援をしてやらなければ、今後の回復戦ができないのであるから木梨たちもしきりに山県を説いて、ついにこれを承知させることになった。その後、二、三度に受け取った金が十四万九千両、前に受け取ったのを合わせて六十四万九千両の巨額にのぼったのである。今日の時世から見れば、五十万円くらいの金は何でもないが、その頃のことで、実に大金であって、非常な心配があったに違いない。

こういう事情で、山城屋はついに洋行と決した。その頃の取り引きは、フランスが最も多かったので、まずそれへ志《こころざ》して出発し、和助はかねての希望通り、音に名高いパリの土を踏むことになったのである。

6　長州派と薩派

昔の武士《さむらい》は、金銭に手を触れるのさえ汚《けが》れだといってこれをひどく卑《いや》しんだ。直江山城守が他人から小判を示された時に、扇子を開いて受けた、ということを聞いているが、つまり武士は、金銭に手を掛けるのは汚れだ、ということに一般の武士の思想がそうなっていたのである。明治になってから陸海の軍人が、儲け仕事に首を突っ込んで、段々金持ちになった例はたくさんにあるけれど、その秘密の大きく露顕《ろけん》したのが前年（大正三年、一九一四年）のシーメンス事件である。これとてもたった一隻の軍艦を注文した場合に、どうせ誰かの手に入るべきはずの口銭を、ある一人が受け取ったというに過ぎないのであって、日本には昔から武士気質《かたぎ》がいくらか残っているのと、またあの際に元の桂の残党が、山本内閣に向かって、復讐的運動をしようと心がけていた。そのために問題が大きくなったのだが西洋諸国では、そんなことは朝飯前のことになっていて、注文した品物の口銭が、周旋人《しゅうせんにん》の手に入るのは、商習慣の上では当然のこととしてあるのだ。海軍にシーメンス事件が起きたから、こういうことは海軍にばかりあるのだ、と思っていると、それは大間違いだ。まだ表向きの問題にはならずとも、陸軍の方にもこれと同じような問題は、必ずあるに決まっている。

ごく早い話が、今度の泰平組合《たいへいくみあい》の始末を見ても分かるではないか。この組合の手を経て、ロシアへ売り込んだ軍器は六千万円であるが、陸軍省の帳面には四千万円となっている。それから組合が社会へ公表した利益は七百万円である。こうしてみると、千三百万円の金は全体どうなってしまったのか、これがすこぶる怪しいのである。衆議院でも、そこまで露骨に突っ込んではいないが、ほぼそれに近い質問はしているが、陸軍大臣の答弁ははなはだ曖昧《あいまい》であった。貴族院の人達は妙に気取って、金のことは口にしなかったけれども個人個人に聞いてみたら、やはりこの点についての疑いが最も深くあったに違いない。六千万円の取り引きをして、千三百万円の金が行方不明とあっては、ちょっと聞き捨てにもなるまい。しかし、これも表面にあらわれただけのことで、その実は売った軍器が、六千万円か一億円か、それは元帳を見せないのだから、はっきりしたことは分からない。こんなことは明治になって、間断なく行われていたのであるから、その間に私腹を肥やして大きな身上になった人がいるのも無理はない。

けれども、まだ明治の初年には、昔の武士気質がいくらかは残っていたから、今ほどに軍人の肌合いも汚くはなかった。特に薩長の二藩が非常に激しい暗闘を続けていた時代のことで、双方が注意をしていたから、割合に醜怪《しゅうかい》のことは少なかった。薩派の陸軍の頭領は西郷隆盛であって、長州派の陸軍の頭領は山県有朋である。その人物の大小を比較したら、とても物にはなっていないほどに、その間の相違はあるけれども、とにかく、西郷はあまり細かいことに関係せず、山県が大概なことは指揮をしていたのであるから、陸軍の実権は、日一日と山県の手に移っていく。これに対する薩派の軍人の憤慨は非常なもので、何度か西郷に迫ったようであるが、こういうことになると、西郷は極めて公平な人であるから、さらに受けつけず、かえってそういう苦情はおさえるようにしていた。西郷に対してはいくらか遠慮はあるが、山県に対する不平は常に絶えることなく、表面は平静を装っていても、その実は恐ろしい眼をして、山県のすることには不断の注意を払っていたのである。

当然のことながら、野村三千三が山城屋和助と変わって、陸軍の用達になったことは薩派の軍人によって、ますます山県に対する注意を怠らせなかったのである。山城屋の店が栄えていくほど、長州派の軍人に対しての猜《さい》疑《ぎ》の目は、細かい点にまで注がれることになった。長州出身の軍人の多くは、山城屋が陸軍の遊金を融通している秘密を知っているから、いろいろな口実を設けて、盛んに山城屋から金を借り出しては、遊蕩の費用に充《あ》てていたのだ。薩派の軍人に比較すれば、長州派の軍人は豪遊を続ける。したがって薩派の軍人が、山城屋と長州派の軍人との関係に、注意を深くするのは当然の事態である。その折から、種田少佐が桐野利秋を突然訪ねて来て、山城屋の秘密の一端を漏らしたので、いよいよ騒動の幕が開いたのである。

7　パリからの電報

種田は名を正明といって、このときは木梨と同じように会計官の一人であった。のちに、明治九年に起こった熊本の神風連《しんぷうれん》、あの騒動の際に陸軍少将に進んで鎮台の司令長官をしていたが、その夜、不意を襲われ虐殺されてしまった。桐野は親交のある種田が訪ねてきたので、喜び迎えて談笑しているうちに、種田は山城屋の秘密を語るのであった。桐野はかねて山県と仲がよくなかったのみならず、どうにかしてその勢力を押しつぶしてくれようと、普段から考えていたのだ。

「陸軍の金を山城屋が使っているというのか」

「もちろん、そうなのじゃ」

「どれほど使っているのか」

「さあその点になると、わが輩にもよく分からない、何となくこのごろになって、木梨が心配している様子では、おそらく陸軍の遊金は一文もないことになっているのではなかろうか」

「ふうむ、それは重大な事件じゃ。山県たちが自分の友人を保護するために、陸軍の金を融通したとあっては、容易ならぬ事件で、これを打ち捨てておいては、第一にわれわれ軍人の面目が立たないことになる。それについて何か確かなことを聞いたら、ぜひ知らせてもらいたい」

「よろしい、それはたしかに知らせるが、しかし、ここにこういうことがある」

「うむ、どういうことか」

「フランスの公使館にいる鮫島から外務卿へ、山城屋和助のことについて何か言ってきているということであるが、これにはよほど重大な事柄が含まれているようにも聞いている。またイギリスの公使寺島のところからも、外務省へ同じことについて長い電報が来たということである。このごろ、頻繁に木梨が外務省へ往来するところからみても、なにかこれにも深い仔細があるに違いない。貴方《あんた》がこれについて十分に探索されたなら、いくらかの秘密を知ることができると思う」

「なるほど、それはよいことを教えてくれた。早速《さっそく》に探索させることにしよう」

両人の話は極めて簡単であったが、桐野はこれに力を得てすぐに探索に着手させると、その次第は一通り判明した。フランスのパリへ行っている中弁務使から、今の公使代理に当たる鮫島尚信《なおのぶ》という人は薩州出身で、惜《お》しいことには夭死《ようし》してしまったが、長生きをしたら大層な外交官になったであろう、ということである。その鮫島から外務省への照会電報は、

「この頃、山城屋和助という商人が、パリへ来て盛んに豪遊を試み、この地において第一流と評判の高い女優

に馴染《なじ》んで、一夜千金の豪奢な遊びをしている。またある貴族の未亡人と夫婦の約束をして、横浜へ連れて帰るということであるが、全体、この者はどういう身分のものか、それを詳しく知らせてくれ」というものであった。同時にイギリスの大弁務使というから、今の公使に当たる寺島宗則《むねのり》からの電報も、それと同じような意味で、つまり山城屋の身分調べを外務省へ託してきたのである。その電報を受け取ったのが、堅物《かたぶつ》の副島種臣であったから、問題はだいぶ面倒になりかかっていたのである。

8　桐野利秋の厳しい質問

桐野は、鹿児島の城下に近い、吉野村で生まれた。極めて身分の低い武士であったけれど、その豪胆と戦上手のために、このときは陸軍少将に昇っていたのだ。普段から山県を近衛都督《このえととく》に戴いて、その指揮の下に動いているのが癪《しゃく》に障《さわ》って堪《たま》らなかったのだ。そこでこのような秘密を知ることができたので、とても喜んですぐに山県に面会を求めて、山城屋と陸軍の貸し下げ金の関係について、厳重な詰問《きつもん》をはじめた。これにはさすがの山県もすこぶる閉口して、桐野の詰問に対して、十分な答えを与えることができなかった。そこで桐野はいよいよ憤激して、

「君は陸軍の遊金を、山城屋へ理由もなく貸し与えて、それを正しいことと心得ているのか」

山県は黙って俯《うつむ》いたきり、何の答えもない。桐野はますます苛立《いらだ》って、

「山城屋は野村三千三《みちぞう》で、君とは同藩の関係がある。そのために陸軍の遊金を貸し与えるというのは、実にけしからんことじゃ。陸軍の遊金は君の所有《もの》ではない。それを自分の勝手に他人《ひと》に使わせるとは、君にも不似合いなことをしたものじゃ。それとも君には、これによって幾らかの利得でもあるのか」

こういう失礼なことを言われては、さすがに山県も黙ってはいられない。顔の色はみるみるうちに変わって、

「これはけしからん。この遊金を貸し与えることについては、わが輩の一存でやったのではない。それには会計の監督もあり、それぞれの手を経て、皆異存がないというので、一時貸し下げて遣わせたのである。こういうことはわが陸軍ばかりでなく、いずれの役所にも多少はあることで、町人へ政府の金を貸し下げたから、それに関係した者は、皆汚《きたな》い心を持っていると速断するのは、君の誤りである。いやしくも有朋は狂介の昔から汚れた心は、いまだかつて持ったことはござらん」

「それは無論そうでなければならないはずじゃ。君がもしそういう心が少しでもあったら、今の職を勤めていることはできないはずじゃ。が、しかし、君が陸軍の監督をしておりながら、自分の同国の関係があり、昔は同僚であった者が、今町人になり下がって商法を営んでいる、単にこれだけの関係の者に向かって、莫大な金を貸し下げるということになれば、その間に何か秘密があるのではないかと、他人が疑いを抱くのも無理はあるまい。それを思われるのが厭《いや》なら、なぜそういうことをしたのであるか。聞くところによれば、山城屋はフランスのパリへ行って、非常な豪遊を試みて、外国人を驚かせているということである。そういう馬鹿なことのできるのは、要するに陸軍の金を、勝手に使うことができるからであろう。そうさせた者は、すなわち君ではないか。君の心はいくら潔白であろうとも、ただそれだけのことを聞いた者が、君の心事を疑うのは当然のことである。それに向かって憤慨する君が、かえってけしからんのじゃ。速《すみ》やかにそういう金は陸軍の方へ引きあげて、天下の金を私用することだけは慎んだらよかろう」

と語気も激しくほとんど喧嘩腰で山県に詰め寄ったときは、山県も体の震えるほど癪に障ったが、今この場合において、桐野と喧嘩をするのはますます不得策と考え、じっと気を抑えて我慢しているのを、桐野は何の遠慮も

なく散々に辱《はずかし》めて、意気揚々と引きあげてしまった。

山城屋は何時《いつ》までたっても帰ってこないが、薩人の山県攻撃は一日として休むことなく、毎日相手は変わっても、いじめられる山県には代わる者もいないのだ。問題がようやく大きくなってきたので、司法省の方へも飛び火して、例の江藤新平が乗り出してくることになったから、事件はいよいよ大きくなるばかりであった。

9　司法卿江藤新平の登場

桐野たちは、一本気の軍人であるから、この勢いで山県を押さえつけて職を辞めさせた上、山城屋を閉店させてしまえば、それで満足であった。ところが、このことを伝え聞いた司法卿の江藤が、大丞《だいじょう》を勤めていた島本仲道を呼んで、

「君も聞いたであろうが、山城屋の一件について、薩派の軍人がしきりに山県を苦しめている。近く聞くところによれば、山県が職を辞めて、山城屋が閉店さえすれば、それで満足じゃということであるが、全体、こういう事件は、我が司法省で取り扱うべきことで、軍人同士の仲間喧嘩《けんか》でことを定めるべきではない。よって今から本省の手に移して、この事件の始末をつけようと思うから、君はその主任になって、すっかりその秘密を調べあげてもらいたいのじゃ」

「よろしい、これはとても面白いことだ。進んで御受け致します」

「うむ、君であれば必ずできる。他の者ではとてもやり通せまい。しっかりやってくれ」

「承知しました」

これから島本が主任となって、事件の調査に取りかかったのである。

島本は高知県人であって、非常に知恵もあれば、弁舌にも巧みで、しかも剛腹なところがあったから、相手が自分より上役の者であるからといって、そんなことでへこたれているような人ではなかった。その末路は、長州派の政治家に憎まれて、後の半生は浪人で日を送り、明治二十年に保安条例によって退去二年を命じられ、各地に放浪しているうちに病を得て、実に気の毒な最期を遂げてしまったが、一時は評判の人物であった。

主任の島本がこういう人となりで、一身のことも考えず、思った通りにやっつけるという、しかもその長官は、直情径行の江藤であるから、この事件がどうしても発展せずにはいられなかったのである。こうなると、独り苦しむ者は山県であって、いまになって山城屋へ同情したことが、あまりに深かったのを後悔したが、ことここに至ってはもはや取り返しがつかない。たとえ自分は職を辞めるとしても、金の問題だけは綺麗に結末を付けておかないと、死後の恥辱《ちじょく》にもなるという考えで、木梨をはじめ、この件に関係のある者を呼び集めて、山城屋を呼び戻すことの手続きにかかったのである。

何事も世界一に、贅沢《ぜいたく》の限りを尽くしているパリの、酒と女に引っかかって、本業の生糸売り込みはどこへやら、面白可笑しくその日を送っていた山城屋の手元へは、しきりに帰国を促す電報が来る。いよいよ事が面倒になったらしいから、やむを得ず帰国することになった。横浜の店へ着いたと知らせがあると、その晩にやってきた木梨たちから、代わる代わる述べられる事情を聞いて、さすがに豪胆な山城屋も、ホッと息を吐いて、

「そういう事情になってはもはや致し方ない。このことはわが輩が一身に引き受けて、必ず山県その他の者には禍《わざわい》を及ぼさないことにする。それには別の手段があるから、心配せず、まずわが輩に任せておいてくれ」

「君は、そう言っても、薩派の者どもが、山県にきつく当たってきては、とても防ぎようがない。何とかこの

場を一時でも切り抜けて、さらに善後策を講ずることにしたら、どうじゃろう」

「うむ、それについては俺に考えがある。おい木梨」

「なんじゃ」

「ちょっと耳を貸せ」

「うむ」

山城屋が木梨に何かささやくと、木梨はにっこり笑って、

「よし、それならば一時そういうことにしておこう」

長い海路のために疲れが出たということを口実にして、山城屋は三、四日を横浜の店に、一切の来客を断ってすごしていた。この間に秘密の帳簿はすべて焼き捨てて、後難を山県に及ぼさないよう、また普通の貸借関係から友人の身に累《るい》を残さないようにと、それまでに始末をつけてしまった。もしこのときに、山城屋が江藤の手にかかって厳重な取り調べを受けることになったならば、今になって偉そうな顔をしている長州派の軍人の中には、だいぶ処罰を受ける者があったのだろうが、山城屋の覚悟がよかったために、そういう禍《わざわい》は一切免れることになったのである。

10　山城屋和助の切腹

木梨が山城屋に耳打ちされたのは、どういうことかというと、何しろ引き出した金が莫大なものであるから、今失敗を続けている山城屋としては、ただちにこれを補填《ほてん》することはできない。よって一時のところ、手形をもって金は返納したことにして、あとは伝票と帳簿で受け渡しを済ませておく。帳尻が合うから、そこで苦情を言

う者も、これ以上の追及はできないことになる、という策であった。これは巧《うま》く当たって、桐野が調べに来たときに、木梨は帳面を突き出して、

「さあこういう風に受け渡しは済んでいるが、それでもまだ疑いがあるのか」

と手強くやったので、算勘《さんかん》（数の勘定。計算）に暗い薩人の、特に桐野のことであるから、押し黙ってしまい、ことは大きくならずに済んだ。ところが、これは薩派の軍人を抑える策にはなったであろうが、何事にも思慮の細かい、しかも法律の思想の進んでいた江藤たちを欺《あざむ》くことはできなかった。江藤はこの問題を太政官の会議に持ち出して、いやしくも公金の私用、軍紀の振粛《しんしゅく》（ゆるみを引き締めること）にかかわる、すべて金銭のつきまとった事件であるから、司法省が直接に手入れする必要がある、ということを理由として、陸軍会計の全部を調査することを、一同に認めてもらいたいと提議した。さあこうなってみると、陸軍の方からどれほどの罪人が出るか分からない。無論のこと、山県の一身も危うくなるのである。太政官には長州派の人も出ているから、たちまちこのことが外へ漏れてくる。手を打って喜んだ者は薩派の軍人であるが、眉をひそめて憂えたのは長州派の軍人であった。

このことは早くも、山城屋の耳に入ったから、明治五年の夏、山城屋はある日、陸軍省へ出頭して山県に対面を求めた。ところが、まだ山県は出ていないというので、山城屋は応接所に通されて、しばらく待ち受けることになった。こうしているうちに木梨が出てきたので、このことを取次の者が伝えると、木梨はすぐに応接所へ来て入ってみると驚いた、待ち受けているはずの山城屋は見事に切腹して、すでに相果てているのであった。

さあこれから大騒ぎになって、山県のところへ使いを走らせる。急報を得て駆けつけた山県も、このありさま

を見ては、ただ涙のほかはなかった。そこで司法省の方からは厳しく迫ってきて、段々と調査にかかったけれど、肝腎の山城屋の家に残る帳簿を調べてみれば、多く不用に属するものばかりで、大切なものは少しもない。これではとても調査のしようがないので、司法省では手を引いてしまったのである。事件はこういう事情で収まったけれど、収まらないのは薩派の軍人連で、たとえ山城屋は死んでも、焼き捨てた帳面の中には長州派の軍人との関係があったに違いないから、これについての統督上の責任は、山県に帰さなければならないといって、大騒ぎをやる。なかには山県の監督を受けるのは、軍人として恥じるべきことである、という書面までも出して、その職を退くという騒ぎになってきたから、もうこうなっては打ち捨てておくことはできない、どうしても大西郷の出る幕となったのである。

このときに、陛下は九州へ御巡幸《ごじゅんこう》になって、ちょうど鹿児島に御居《おい》で遊ばしたのである。西郷はこの行幸に扈従《こしょう》して、やはり鹿児島にいた。そこへ、東京から急報が来た。それは山城屋のことから、陸軍部内に一大事件が起こるというのであったから、急に陛下の御許可を得て、東京へ急いで引き返してきた。もしこのときに西郷の駆けつけるのが遅かったら、あるいは山県は薩派の連中から詰め腹を切らせられたかも知れない。しかしながら西郷の駆けつけが早く、山県と会見して、だんだんその事情を聞いてみれば、自分の友人に陸軍の金を融通したのは悪いが、しかしその間において山県は少しも汚いことのないのは、西郷も深く信じて、この終結をつけることにかかったが、そのうちに陛下も御還幸《ごかんこう》に相成った。

何しろ六十万両以上の大金の始末であるから、陛下の御耳にも一応は入れておかなければならない。万事は西郷が引き受けて、陛下の御慈悲をいただいて、この結末をつけることになった。薩人の憤慨《ふんがい》を鎮めるために、山県の近衛統督は辞めさせて、西郷がこれに代わることになったので、薩人の憤慨だけは、どうにかこうにか抑えることができたのである。

これが有名な山城屋事件の概略であるが、この場合に断っておくべきことは、こういう事柄のあったのは、必ずしも長州藩の人ばかりではなく、薩派の方にもこれと同じようなことは、幾たびか行われたのであって、その点からいうと、薩長いずれにも悪いところはあったのだから、この一事件をもって、長州藩のみを悪いとは言えないが、しかし、昔は長州藩閥の中にこういう汚いことが行われて、国民に莫大な損害をかけたこともあった、ということだけは、深く国民は記憶しておかなければならないはずである。

七　長州藩と三谷三九郎

1　維新の動乱と為替御用達

維新の動乱に際して、もっともその影響を受けたものは、為替《かわせ》の御用達《ごようたし》をしていた商人の一団である。しかし、その範囲は極《ご》く狭く、人数の上からいっても少数であったし、一般に及んだ影響はそこまで強くなかったために、あまり一般の人の注意を引かなかったが、上《かみ》は幕府の御用達より、下《しも》は各藩の御用達に至るまで、この際に迷惑を受けなかった者はなかったのである。

それまでに立て替えておいた金は返されない上に、一時の融通に借り受けた金は、遠慮なく取り立てられるというようなわけで、いずれも莫大な損害を受けて、そのために倒産したものも少なくなかった。単に藩へ対する貸借がこういう風になっただけでなく、一般の人との取り引きについての諸勘定も、多くは同じような結果になってしまって、今まで盛んにやっていた為替方が、片っ端から倒れていく惨状は実に目も当てられないありさまであった。その中でもっとも衆人の注意をひいたのが、東京の三谷《みたに》三九郎の破産であって、前の山城屋の事件とは、その性質において全く違ってはいたが、長州藩の関係から来た事件であるだけに、一応は述べておく必要があると思う。

三谷は旧幕のころ、長州藩の用達を勤めていたが、慶応年間になって、京都の政変の影響を受けて、長州藩が江戸の藩邸を一時に引き払うことになった。その際に、三谷と藩の為替の差し引きが三千二百両、これは三谷の方から藩へ引き渡すべき金であった。それについて幕府が、三谷の帳簿調査をやった結果、長州藩へ引き渡す金がこれだけあるということが分かったので、幕府は三谷に厳命を下して、藩へその金を引き渡すことを拒まれ、かえって幕府がその金額を没収してしまったのである。幕府と長州藩とどういう経緯があろうと、三谷が長年の用達をしていた縁故からいえば、どうしてもこの金は長州藩へ納めなければならない筈《はず》であったが、何しろ幕府の権威を持って圧迫を加えたので、その点になると、三谷は一個の町人であるから、何の反抗もできず、ついにその命令にしたがって、幕府へ全納してしまったのだ。

しかしながら一度京都において失意のどん底にまで陥った長州藩は、薩藩と連合の力をもって、再びその勢力を回復して、倒幕の大勢をつくり、ついに徳川慶喜は政権を返上して、大坂へ退かざるを得なくなり、引き続き鳥羽・伏見の戦いに敗れて、慶喜は江戸へ逃げ帰った。これまでの段取りは、すべて薩長連合の力でできたのである。それから徳川追討の大軍を起こして、江戸へ攻め下ることになった。ここにおいて慶喜は上野の寺中大慈院に引きこもって恭順を表し、江戸城は戦わずして受け渡しの手続きが終わった。長州藩は薩藩と相並んで、新政府の枢機に与《あずか》ることになったので、その勢いは実に素晴らしいものであった。

このとき藩の会計を勤めて江戸詰めになっていたある人が、三谷と藩の貸借の関係をよく知っていたので、しきりにこのことを問題として騒ぎ出した。そこで三谷は、あらためて長州藩から談判を受けることになって、あれこれの交渉の末に、幕府へ没収された三千三百両は、三谷から長州藩へ還納することに決まった。これは三谷の身にとって、ずいぶん迷惑ではあったろうが、長州藩と取り引きの関係から預かり分になっていた金を、いかに幕府の権威を持って圧迫を加えてきたにしても、その金額を引き渡したのであるから、まったく三谷に責任はないとはいえないのである。しかし事情からいえば、これを三谷に支払わせるのは、ちょっと気の毒に思えたが、長州藩も金の都合が悪くて苦しんでいた場合であり、他人の困ることなどは我慢できるだけ我慢させなければならない立場にいたので、ついにこの処分が出たのであろうが、なおその上に五千両の献金を命じたのは、実に無法なことであった。

三谷から進んで幕府へ納金したのではなく、弱い町人がこれを拒むべき力がなかったため、無理に幕府へ納金させられたのを、ひどくけしからんことであるといって、その金を取り戻した上に、別に五千両の献金を命じたとは、ずいぶんひどいことである。が、しかし、これは朝廷へ対する献金であるから、なお忍ぶべしとするも、その他に藩の方へも、三万両の御用金を命じた。これは言うまでもなく、どうせ返さないつもりで命じた御用金であるから、三谷の苦痛は一通りではない。さらにこの金の処分が済むと、三谷が幕府の命を聞いてその用達を勤めたのはけしからんという理屈で、三谷を斬首に処することが内定したのである。

2　三谷三九郎を救う三人の軍事探偵

しかしながら、長州藩の軍事探偵を務めていた者の中で、俗に長州の三蔵といわれたものたちがいた。その一人が野村三千三《のむらみちぞう》で、ほかの二人は中村新蔵、後藤勝蔵の二人である。三谷家処分が内定したその顚末は詳しく知っているので、三人は密かに相談して、三谷を救うためにいろいろな方策をめぐらせることになった。三谷家はたび重なる災難でその財産の大部分を失った上に、三九郎の生命さえ、今はどうなるかわからないことになったので、親類一同は額をあつめて、しきりに相談をしていた。そこへ野村から書面が届き、これを開いてみると、

「鮫津の川崎屋に待ち受けているから、すぐに来い」

というのであった。そこで金の用意をして、家人には何とも告げず、駕籠に乗って、大急ぎで川崎屋へやってくると、待ち受けていたのは野村だけでなく、中村と後藤の二人も居合わせて、

「さあ三谷、こっちへ入れ」

「ただ今はお使いありがとうございました。さっそく罷《まか》り出ましたが、どういう御用でございますか」

「まあ用事は追ってのこと、とにかく一杯飲め」

と言いながら、野村は盃を差した。三谷は酒を飲むどころではない。自分の一家が潰れるか立つかの境《さか》い、特におのれの生命もどうなるか分からないという場合であるから、ただおどおどしている。その様子を見て野村は、

「今度の御処分については、お前も迷惑であったろうが、これも時世《ときよ》で仕方がない、と諦めるがよい」

「ありがとうございます。別に他人様《ひとさま》を恨むことはございません。私の行いが悪かったのでございますから、何事も御沙汰次第に従ってはおりますが、ただこの上は旦那方《あなたがた》の御骨折りで、一家の者の生命に触らないようにお願いしたいのです」

「うむ、実はそのことについて呼んだのじゃが、お前はいよいよ首を斬られることに決まったのじゃ」

「えっ、何でございますと、私の首を……」

「そうじゃよ、お前が長州藩の御用達をしておりながら、幕府の御用達に変わった。それを藩の重役が非常に立腹して、こういう御処置を加えることに決まったのじゃ」

「それは野村の旦那、いかにも御無体のように考えます。私は何も好《す》き好《この》んで、幕府の御用達になったのではございません。あのときの事情は申すまでもなく、旦那方もご承知の通りで、弱い町人の私共と致しましては、

どうやっても御断り申し上げることができず、泣く泣く承知したのでございまして、それを今さらに御憎しみとありましては、私の無念は一通りでございません、またその幕府の方へ納めた金はこのたび藩の方へ納め返すことになって、そのほかに朝廷の献納金やら藩への御用金やらさまざまの御名目で、莫大の金を召し上げられ、その上に私までが首を斬られるとは、何という情けないことでございましょうか。私の身分をご承知であるならば、それまでに御慈悲のない御取扱いをなさらずともよかろう、と思いますが、これも藩の御威勢でなさることならばしかたがありませんが、せめて罪は私一人に止めて、家族の者には及びませんように願いたいのですが、いかがでございましょうか」

こう聞いてみれば、いかにも気の毒である。今三谷が言う通りの事情で、この場合に三谷の首を斬るのは、ずいぶん乱暴だとは思うが、それは藩の方針として、そう決まってしまった以上、いかに気の毒だと思っても仕方がない。もっとも、それに同情して三谷を救うために来たのであるから、野村は静かに膝を進めて、

「いや、そう泣き言をいうのも無理はないが、これも時世で仕方がない。俺たちはお前に対して、恩怨の関係はないのじゃから、その御処分のことが内定したのを聞くと、いかにも気の毒に思って、中村や後藤と相談の上で、お前の生命を救ってやるつもりで、ここへ呼び出したのじゃ」

「何とおっしゃります、それでは私を御助けくださる御つもりで、御呼び出し下さったのでございますか」

「無論のことじゃ、もう長い短いを言っている場合ではない。お前はここから一時、身を隠すことにしたらどうじゃ」

「そういうことで収まりがつきますならば、一時身を隠しますが、全体、この先はどういうことになるのでございましょうか」

「さあそのことになると、われわれにも見込みはついておらぬが、しかし、お前が一時身を隠しているうちには世の中も鎮まり、旧《もと》の太平に復してまた何とか寛大の御処置も下ると思う、とにかく、身を隠すことが第一じゃ」

「はい、ありがとうございます、それではこれより一時隠れることに致しましょう、何事も旦那方《あなたがた》を頼りにしているのでございますから、どうぞ不憫《ふびん》と思って、これからもよろしく御助力のほど、願い上げます」

「うむ、よし、それはよくわかっている」

と言いながら、野村は後ろに置いた風呂敷包みを出して、

「さあ、この中にお前が一時身を潜《ひそ》めるための身支度《みじたく》を用意してきてやったから、すぐに出かけたらよかろう」

「何から何まで御親切の段、ありがたく存じます」

その風呂敷包みを開いてみると、袈裟《けさ》や衣をはじめ、脚絆《きゃはん》に甲掛《こうが》けや草鞋《わらじ》まで用意してある。網代《あじろ》の笠は宿を出て買うことにし、これから三谷はすっかり頭を丸めて坊主の姿になってしまった。

「それでは失礼いたします、これからも何分御願い申し上げます」

「よし、できるだけは協力して、お前の家の立ち行くようにしてやるから、それは安心するがよい」

このような場合に情けある取り扱いを受けたので、さすがの三谷も、ただ有《あ》り難涙《がたなみだ》に咽《むせ》ぶばかりであった。

携えてきた金も相当にあったが、その大部分は三人に渡して、どこともなく身を隠してしまったのである。

3　三谷家の再興

そのうちに、天下は旧《もと》の太平に復して、朝廷へ反抗した者でさえも、その罪を許されるという御仁心《ごじんしん》の取り扱

いがある場合に、ただ一個の町人である三谷のような者を、どう苦しめたところで仕方はないのだ。特に内部から野村たちが尽力したから、そこで三谷は死を赦《ゆる》されて、帰宅も認められることになった。この間に野村たちと金銭上の関係があったかは明らかには分からないけれど、何のために三人が三谷家の再興に尽力したかと思えば、だいたいの想像はつくのである。

三人の尽力の効《かい》があって、三谷は再び家の整理をした上に、大総督府の御用達になった。そこで長州人との関係は昔のように、このような波乱があっただけに、一層その関係は深いものになった。また長州人としては、金の融通をする上においても、何かと秘密を打ち明けて、相談する御用達の一人くらいは必要であるから、三谷に対する力添えも一通りではなかった。このために陸軍の金を融通して、以前にも勝るほどの勢いで、為替方《かわせがた》を勤めることになったから、当時の三谷の勢力は、三井や小野組も、遠く及ばないほどのありさまだった。

和田倉門の中に、旧《もと》の会津藩の金蔵《きんぞう》があった。三谷はその金蔵を借り受けて、借り下げた陸軍の金はすべてこの金蔵に収めて、その出し入れには陸軍の監督を受けることにしていた。会計官の一人である船越衛《まもる》が、その係になっていて、金蔵の鍵は手代の渡辺弥七が預かっていた。山城屋事件についても述べた通り、陸軍の遊金は莫大なものであったにもかかわらず、船越や木梨が会計の帳簿を整理して、山県に一応見てもらえばそれで始末がつくという、極めて怪しい会計監督になっていたので、金の出入については、三谷も勝手なことができたのである。大金が自由になるところから、それを資本にいろいろな商法もしてみたくなるのは人情、元来が油の問屋をしていたので、いわゆる思惑買いで油の買い占めをやってみたが、相場の下落で大損をした。

三谷が油で損をしたということが、一般の評判になった。

今日《こんにち》の時代では、四十万円や五十万円の損得は何でもないことで、兜町の相場が少し動けば、二十歳にもならない小僧が、二日か三日に、やれ十万儲けたの、それ二十万損したのというような時世になっては、何でもないようなことと人は見ているが、その時代の一万円はうまく運転したら、今の五十万円くらいの価値があったので、さすがの三谷も二十万円以上の損失とあっては、世間の口を押さえることはできなかった。さすがに船越も聞き流しにはできない。そこで金蔵の取り調べにかかると、意外にも二十万両の現金が不足している。金の出し入れのある度《たび》ごとに、船越がこれを認めて、帳簿に記入することになっていたので、不足するはずはないのだが、この大金が不足とあっては、船越も自分の責任になるので、放っておくことはできない。三谷を呼んで厳しく叱りつけると、三谷もこれが表向きになれば、自分の家は潰れるのだから、横浜へ駆けつけて、長い間取り引きをしていたオランダ五番館の主人に頼んで、十万両の金を一時借り受け、あとの十万両は追々に補填《ほてん》することにして、船越の怒りを抑えて一時の難を逃れたが、その損害が簡単に埋まるはずはなく、三谷の悲運は日を追ってはなはだしくなってきた。

船越は一度こういうことを見つけたので、それから後は、金蔵の調査に注意を怠らなかった。ある日、例の手代の立合の上で、再び金蔵を調査すると、意外にも五万両の金が不足していたので、また問題は再燃してきた。船越はしきりに難しいことを言って、ことを表沙汰にしようとする。手代の弥七は百方《ひゃっぽう》哀訴したけれど、なかなか船越がこれを聞き入れそうにもないから、やむを得ず主人の三谷に会って、顛末を語った。

4　三井への肩入れ

ここまできてはもはやどうすることもできず、三谷は度胸を定めて、その筋の処分を受けることに決心した。

船越の報告によって、山県はこの事情を知ったけれど、表向きに処分することはできない。実のところをいえば、陸軍の官金には、長州人にもまた少なからず秘密があって、三谷がその秘密をいくらかは握っている、もし断然たる処分を加えるとなったとき、三谷が一度口を開けば、長州藩にもその累が及ぶのであるから、山県もこの処分については困ってしまい、当時の大蔵省の方は井上馨が主に引き受け、その下に渋沢栄一がいたので、山県は井上を呼んで相談をすると、何しろこの場合においては、不足している金の補塡をさせるのが第一である。三谷の処分をするとしても、それからのちにした方がよい、ということになって、井上が渋沢と相談の上で、この処分についての案を立てた。

三谷の東京市中に所有している地所は五十ヵ所あるから、これを担保として三井へ、五万両の融通を申し付け、その金を陸軍の金蔵へ納めることにした。その交渉は井上が引き受けたのであるが、三井は他に深い野心を持っていたので、井上の言う通り五万両の金を三谷へ用立てたのである。

三谷家に対することは、これで一時の処分はついたようなものの、この命を受けて快《こころよ》く承知した三井は、これから井上の力によって、政府の内部へ食い込むことになった。それからほどなく、大蔵省と陸軍省から各三十万両ずつ、合計六十万両を十ヵ年賦の無利息で預かることにして、この金を融通に三井は大きな商法をすることになったのだ。井上と三井の関係が深く結ばれたのは、すべてこの前後からのことである。そのころのこととして六十万両の大金を、十ヵ年賦の無利息で預かるということになれば、相当の損をしても割に合うわけで、三井家の今日の富は、すべてこれが基礎になったのである。

ここに哀れを止《とど》めたのは三谷家で、長州人が秘密の用達として、政府の用達を引き受けさせた三谷とは、この事件から縁を切って、三井へ肩を替えてしまったから、三谷は散々損をした揚げ句の果てに、その回復ができず、そのうちに三井との貸借の関係やその他のことから、ついに三谷家は哀れな破産をして、今はその子孫は残っているであろうが、見る影もないありさまで、その日を送っているということである。よくは記憶していないが、十二、三年前に三谷家の子孫が、三井家に対して、古い証文を証拠に、何か争いをした時分に、渋沢がその仲裁をしたというようなことを、おぼろげに覚えているが、思うにこのときの関係が後の憂《うれ》いになったのであろう。この三谷家の破綻についてはなお聞いていることもあるが、ただその当時の大体の事情だけを述べて、この項の終わりとする。

八　明治初年の暗殺三件

1　横井小楠、大村益次郎、広沢兵助の暗殺

明治二年から三年にかけて、わずか一年の間に得難《えがた》い人物が三人も暗殺されている。その一人が熊本の横井平四郎、他の一人が大村益次郎、それから広沢兵助である。この三人の中において、横井は最も年長であり、すでに老境に達してからの最期ではあったが、なお幾ばくかの年月を生存していたならば、大いになすところがあったに違いない。大村の死はさらに悼《いた》むべく、広沢の惨死に至っては、悲痛の極みであった。いずれにもせよこの三人が、いずれも暗殺の難に遭って倒れたのは、実に惜しむべきの至りである。当時の人心がいかに険悪で、また当時の社会が、いかに混乱を極めた暗黒的の時代であったかということも、だいたいの想像がつく。この三人が万人に勝れた人物であったと同時に、それぞれその長所とするところも異なり、国家の上から見れば、その内の一人を失うことさえ非常な損失であるのにもかかわらず、三人がほとんど同時に倒れたのは、国家のためにただならない損害というべきである。今その遭難の事情を説くに当たって、横井のことから始めることにする。

横井は号を小楠《しょうなん》といって、肥後《ひご》細川の藩士である。非常に学殖の深い、経綸《けいりん》の大才を有した人であった。嘉永から安政の当時に、六十余州を通じていわゆる儒傑《じゅけつ》と称すべき者は、わずかに三人のほかはなかった。水戸の

藤田東湖《とうこ》、松代《まつしろ》の佐久間象山《しょうざん》、それに小楠を加えて、これを三儒傑と称したのである。書物を多く読んで、いたずらに古人の糟粕《そうはく》を嘗《な》めるにすぎなかった腐儒《ふじゅ》は、その数も多くあったが、真に儒者として、しかも時務に通じた者は稀《まれ》であった。しかしながらこの三人は儒者にして、天下の時務を心得ていた人であるから、これを称して儒傑といったのである。

全体、学者は多く時務を理解せず、俗情に迂遠《うえん》であるために、せっかくに仕込んだ学問も、実際的に使いこなすことのできないのが学者の通弊《つうへい》である。もっとも、昔の儒者は、単に古人の道を伝えられれば、それで自分の天職は終わったものとしていたのだから、あるいはそれでよかったかも知れないが、しかし儒者であるがために、天下の時務に通じなくてもよいという理屈はない。単に儒者として見たならば、あるいはこの三人以上の人も多くあっただろうが、真に時務を知る儒者としては、この三人の上に出る儒者はなかったのである。

今のように学問と世間が親しく接近してきた時代においても、真に学者として天下の時務を知る人は少ない。これを要するに、活きた学者が多く出ないのは、国家の損であるということを悟らなければならない。例えば三宅雪嶺《せつれい》のような学者が、どんどん出てくるようでなければ、学者は国家のためにはならないのである。ただ学校の講義に、人の定めた学理を敷衍《ふえん》するにすぎないのでは、学者の有難味《ありがたみ》も薄いものである。講座に立ったときは、人の考えた学説を伝えるのもよいが、一度学校の門を出て、世間の人となったならば、その時には天下の公人として、後輩のために有益な指導をしてくれなければならないはずであるのに、多くの学者は、そういう点に少しも意を留めないで、ただ学説の切り売りをして、一生を終わるという傾向があるのは、いかにも嘆くべきことである。

今日のような時勢になっても、学者の風儀がそういうものであるから、まだ旧幕の時代にあっては、一般の儒者に天下の時務を解する者の少なかったのも実は深く咎《とが》めることはできないかも知れない。横井は深い学問のあった上に、経綸の天才があったから、夙《つと》に天下の人に知られて、熊本の小楠先生として各藩から迎えられて、兵制や財政のことについて、何度か実地にその知力を揮《ふる》ったこともある。現に越前の松平春嶽《しゅんがく》から招かれて、藩の改革をすることについて意見を求められたときも、横井一流の改革案を立てて、大いに福井藩に改革の実《じつ》をあげたことは、横井の才識の尋常ではないことを証明するのに足りる一例であった。

2　横井小楠が守旧派から嫌われた理由

明治政府の組織が、まだまったく強固ではなかった明治二年の頃は、ひたすらに開国進取の策を持って進もうとしたために、ことの緩急を誤ったことも少なくない。これは創業の時代にはありがちのことで、実はやむを得ないことであるが、何しろ長い間、門地門閥を貴《たっと》んで、人物を本位としての政治は行われなかった。その習慣がだんだんと打ち破られて、人物本位の政治を布《し》くことになってきたのであるから、今まではどうしても頭をあげることのできなかった軽輩《けいはい》から身を起こして、あふれるような才気を持っていた連中は、この機を逸してはならないという考えで、さまざまな案を立てては改革を名として、今までの習慣や恒例を打ち破ろうとした。それが守旧派の癇癪《かんしゃく》に障《さわ》って、何度か衝突を起こしたのも事実である。

横井の思想はすでに世界的になっていたから、思ったことは遠慮なく、片っ端から改革を加えて、全く新しい日本国を創り出そうとしたのである。長い間の習慣を一時に打ち破って、全然異なった施設を立てようとすれば、守旧派の反対が起こってくるのは、どの時代においても同じことだ。その間にいくらかの手加減を加えて、うまく新旧の思想を調和して、進んで行けばよいのであるが、暗黒の時代から光明の時代に出ようとする場合には、往々にして気が焦るから、そういう斟酌《しんしゃく》もならず、自分が思ったままに片っ端から改革を行おうとする、そこで議論の争いはいつか棚に上げられて、感情の衝突となってくるのは、自然の勢いでやむを得ないことである。横井はあれだけの識見のあった人であるから、改革の上にも多少の手加減を加えて、新説を吐くにしてもいくらか遠慮をすればよいくらいのことは、心得ていたに違いないが、こういう時代にそんな姑息《こそく》なことをいっていては、思い切った改革ができないという考えだから、守旧派のご機嫌などを取らずに、思いのままに意見を実行しようとした。それが守旧派の癇癪に障って、ついにこれを亡き者にしようという、無謀な企《くわだ》てをする者が出てきた。

特に、横井が多くの守旧派から嫌われたのは、耶蘇《やそ》教信者であるということが、最も痛切に守旧派の感情を激させたものである。今でも多少その傾向はあるけれども、日本人の耶蘇教嫌いは非常なもので、一口にこれを邪教と称えていたのでも、いかに耶蘇教を嫌ったかということはよく分かる。殊更にその時代には、外国人が耶蘇教を広めに来るのは、これによって日本人の心を異国に移させて、やがては日本国を奪おうとするためであるという、古い思想が深く骨の髄《ずい》にまでも染みこんでいて、宗教反対の思想と愛国の思想とが混同して、ここに慷慨《こうがい》悲憤《ひふん》の情を激発してきたのだからたまらない。

日本人が宗教を信じることは、世襲的になっていて、知力の発動によって、宗教の教理を咀嚼《そしゃく》して、その上に堅い信念を立てるというのではなく、ただ父祖の代から続いた宗教であるが故に、これを信ずるといったような風になっているのだから、にわかに異国の宗教が入ってくるとなれば、父祖へ対する義務としても、異教の排斥《はいせき》を行わなければならない、との考えから、異教排斥の思想が高まってくる。そこへ熱烈な異教信者が、反抗的にその宗教を広めようとするから、そこで大いに衝突が起きてくるのだ。横井は耶蘇教の牧師でもなく、別にその宗旨の本義を説いて、耶蘇教を日本の国教にしようというような、馬鹿らしい考えを持っていた人ではないけれど、横井の開国的政策に対する意見を喜ばない者は、やはり反対の口実を、横井が耶蘇教信者であるというところへ運んでいって、横井排斥の声を高くするように努めるので、横井に対する守旧派の反感は、ますます激しくなるばかりであった。

日本人の宗教に対する信仰は、多く感情の上から来るものであるから、ほかの宗教に対する反対も、やはり感情から起こるようになる。著者の如きも、宗教についての研究は深くしていないし、またこれを研究してから信仰しようというような仏心《ほとけごころ》も持っていないが、とにかく、耶蘇教は大嫌いである。なぜ嫌いであるかと聞かれても、これに対する十分な弁解はできない。ただ嫌いであるから嫌いというまでのことだ。耶蘇教がありがたくないか、ほかの宗教がありがたいか、そんなことは少しも分からないが、いずれにせよ、耶蘇教の牧師という者が、教壇に立って説教をする場合に、あの人間離れをした変な声を出して、アーメンと唱えられたときには、慄《りっ》然《ぜん》とするくらい厭《いや》になる。日本人が日本人に宗教の本旨を説くのだから、日本人らしい態度と言語ですればよいのに、日本語をよく使いこなせない外国人が、やむを得ず覚えた日本語を操る上で一種の調子をもってする、この外国人の口まねまでもしなければ、教えを広めることができないような宗教では、あまり感心ができないという、極めて浅薄な感情から、著者は耶蘇教を嫌うのである。多くの人が耶蘇教を嫌うのも、あの教壇における牧師の説教振りを嫌っているように思われる。あるいは天国といい、あるいは極楽といい、どちらが本当にありがたいものかは知らないが、誰一人として天国へ行って帰ってきた者もなければ、極楽から電話をかけてきた者もいないのだから、結局は、死んでみなければ分からないことで、死んでからのちにどんなことが楽しく、また苦しいのか。それも考えてみれば分からないことになるのだから、人間は悪いことさえしなければよいものだ、という定義だけのことに止《とど》めて、自らを慎《つつし》み、心を慰めていればよいのである。宗教の力に依《よ》らなければ自ら戒めることができず、心を楽しませることもできないという馬鹿者が、仮に宗教を信じたところで、それによってどうして自戒と慰安の道を得るのか、叶わぬ時の神頼みは別とし、宗教などは考えるほどくだらないものだと思う。宗教そのものは、あるいはよいかも知れないが、今までのような極楽や天国を目標として、人の信仰心をそそるということが、あるいは下らないかも知れない。

3　明治二年一月、横井小楠の死

いずれにしても耶蘇教はつまらぬもので、どうしても宗教を信ずる必要があるならば、強《し》いてアーメンの声を聞かずとも、今までの南無阿弥陀仏でも、南無妙法蓮華経でも、何でも構わないから、鰯《いわし》の頭も信心からでやっていたらよいのだ。それであるから真に宗教を信ずる人は、他人に強制はしないものである。今の教壇に立っている牧師たちは、宗教拡張営業者であるから、信仰心をそそる上においても悪弊が付いてまわるのである。横井が耶蘇教を信じていたことについては、そんな卑《いや》しいことは少しもなく、自ら信じて自ら修《おさ》めていたのだから、こういう信仰は一向に差し支えがない。あるいは人間として、自分の心を修める上に、強い力を持っていない者が、信仰の力によって、ますます己の心を強くするというようなことは、あるいは必要であるかも知れないから、それを強《し》いて悪いとはいわないが、とにかく、横井のような偉い学者が耶蘇教を信じたのは、どこかにまた良い理屈を見つけ出していたに違いない。しかし、反対の者から見れば異端邪法であって、これを日本に広めようとする外国人は、日本国をやがて横領《おうりょう》すべき足がかりのためにするのである、という見方をしていたのであるから、横井の言うことや行動のすべてが非愛国的に見えたのである。加えるに横井が、そういう点については極めて無頓着に、少しも警戒をしなかったくらいであるから、したがって、反対派には強く当たったに違いない。それらの事情が、横井を亡き者にしようという決心を、反対派に抱かせる原因となったものと思われる。

明治二年の一月五日、時の参与横井平四郎は朝廷に出て、いつもの通り政務に一日の勤労を尽くして、これから邸《やしき》へ帰るのであった。その前から病気にかかって、だいぶ体も弱っていたし、歳はもう六十に近かったので、左右の者も非常に心配して、その日の参朝は止めたのだけれど、横井はきかずに参朝して、普段通り駕籠に乗って三、四の家来を従えて帰ろうとした。途中に待ち受けていたのは、上田立夫、鹿島又之丞、土屋信雄の三人であった。横井の駕籠が来たと見たから、すぐに側へ駆けよって、

「おのれ国賊っ」

と叫びながら、駕籠に斬ってかかった。駕籠担ぎは驚いて、駕籠を下ろすと、そのまま足も空に逃げて行く。かねて剣道にも深い鍛錬があり、肝っ玉の据わっている横井は、さては曲者《くせもの》かと思ったから、駕籠の戸を開いて、身を現すと同時に、左右から斬ってかかった兇漢の刃を、たくみに身をかわして、腰の小刀を抜くと、チャリンチャリンと受け流す。駕籠を小盾に老体の横井が、特に病気の疲労はあるけれど、さすがに肝の据わったものので、しばらくの間は斬り合っていたが、なにしろ不意を打たれたのと、刀は短いし、二、三ヵ所の手傷を負ううちに気力も疲れて、ついにその場へ斬り倒された。こうして横井は、敢《あ》えなき最期を遂げた。

この三人の暴士の背後には、上平主税《ちから》、大木主水《もんど》、谷口豹斎《ひょうさい》などの連中がついていて、これまでの手引きをしたのである。この連中はすぐに捕縛され、その年の十月十日に下手人の上田、鹿島、土屋の三人が梟首《きゅうしゅ》に処

せられて、ほかの者はすべて終身流刑の処分を受け、ことは落着したが、小楠の死は多くの人から非常に惜しまれたのである。

4　片田舎の無愛想な蘭学医者――村田良安

これから第二の暗殺事件である、兵部大輔大村益次郎の遭難の顚末を述べることにしよう。大村は初め村田良安《りょうあん》といって、周防国《すおうのくに》の片田舎に医者をしていたが、どうしても繁昌しない。早くに長崎に渡って、蘭医について学んできたから、今でいえば、極めて新式の医者であったけれど、生来の無愛想が原因となって、家業は極めて振るわなかった。今でもいくらかその傾向はあるが、昔は幇間《ほうかん》半分の稼業が医者で、どんなに大家になっても、多少は病家のご機嫌伺いをするのが当然のことのように思われていた。少しくらいは治療が下手でも、世辞がよくて、体裁を飾ることの上手い者は、どうしても繁昌するようになっていたのだ。しかしながら村田は、そんなことには頓着なく、自分の思った通りにやっていた。たまたま診てもらいに来た病人が、

「私の病気はどんなものでしょうか、また先生の御見込みでは早く治りましょうか、ちょっとその見込みを伺いたいので」

と言われて、良安は、

「素人が病気のことを聞いてどうするのか。医者に任せた以上、医者がする通りにしていればよい。早く治るか遅く治るか、薬を飲んでみなければ分からない。治ったときがすなわち薬の効いた時だと思えば、それでよいではないか」

といったように答える。よく考えてみれば村田の言う通りであって、たとえ病名を聞いたところで、またその見

込みを聞いたところで、どうにもしょうがないのだから、聞くだけ野暮《やぼ》な話だが、それでもたいがいの人はその分からないことを聞いて、医者だから世辞半分の挨拶をされると、それで満足しているのだ。

そんなつまらないことで、大切な時間を費やすのは無駄だ、といったような表情で、村田が病人に対する、その態度がいかにも無愛想だから、いくら治療は上手くても、病人が長続きして診てもらわないのは当然だ。ことさらに片田舎の百姓を相手にしている医者であれば、なおさらのことである。せっかく長崎にまで行って、修行してきた新知識の医者も、これでは収まりがつかない。とうとう村田も癇癪を起こして、医者は自分の性質に適した職業ではないと、見極めをつけて、蘭書の読めるのを幸いに、しきりに西洋の兵学の研究を始めた。考えてみるほど、この片田舎にくすぶっているのは馬鹿らしい、いっそ花の都へ乗り出して一旗揚げようと、ここに決心の臍《ほぞ》の緒《お》を固め、両親にもその意中を打ち明けて、生まれ故郷を後に大坂へ出てきた。

もうその時代には、蘭学の利益がようやく人に知られてきて、単に医者を業とする者でも、少しく考えのある人は、多く蘭学の勉強を怠らなかった時代であるから、村田はひそかに蘭書の講義をして、その日の生計を立て、その傍《かたわ》らに自分も兵学の研究をしていたのだ。今のようにどこの町へ行っても、洋学のできる者で鼻を突くような場合には、少しくらいできたからといって、そのためにその人の姓名が広まるようなことはないけれど、蘭学の必要性をいかに悟っていても、十分に学ぶことのできない時代で、たった一冊の字引きを相手に、自己流に研究をしていた頃のことであるから、村田の姓名はたちまちに知られて、いろいろな翻訳物などを頼まれるようになってきた。

5　宇和島城主伊達宗城の知遇を得る

ある日のこと、伊予宇和島の城主伊達宗城《むねなり》の使者がやってきて、ぜひ面会したいという、そこで村田が会ってみると、

「藩侯が、ぜひ一度会いたいという思し召しであるから、一緒に来てもらいたい」

というのであった。村田は強いて諸侯へ仕える気はないが、埋もれ木同様になっている自分の名を聞いて、わざわざ使者を寄越《よこ》してくれただけでなく、世間の評判に聞けば、宇和島侯は非常な賢君であるというし、一度くらいは会ってみてもよいという考えになって、その使者に連れられて、宗城に面会することになった。ところで宗城は、そのころ三百諸侯の中において、最も賢明な人であったから、すぐに村田の人物を見抜いて、ぜひ召し抱えたいという再三の希望に、村田も承知して、最初は百石であったが、宇和島へ連れて行かれてからほどなくして、三百石を与えられることになった。村田もその知遇《ちぐう》に感謝して、藩士の間に蘭学の教授もすれば、また宗城の前に出て、西洋の兵学の講義もする、こうして両親を呼び迎えて、安泰の生活をさせるようになった。

この時代に村田は、宗城の希望によって軍艦の模型を造った。それが大層な評判になって、付近の諸侯からはわざわざ使者を出して、その模型を写し取りに来るというようなわけで、ますます村田の名声は諸藩の間に知られるようになった。この当時の村田は、非常な奮発をもって昼夜の別なく、睡眠を廃し食を減じて、一心不乱に勉学した。何しろ細かい字を行灯《あんどん》の薄暗い光を頼りに見るのだから、ついに眼を悪くして、初めのうちは手治療でやっていたけれど、なかなか治りそうにもなく、だんだんと悪くなってくるので、藩に抱えられている医者の治療を受けたが、とても全治の見込みがないとまでなって、夜などはほとんど何も見えないほどだった。

こうなってみると、村田も目が見えなくなっては、自分の一生はこれで終わってしまうのであるから、宗城に謁見《えっけん》してぜひ暇乞《いとまご》いをもらいたいと言い出した。宗城はその才を惜しんで、容易に暇をくれないというのを、病気を理由に強く頼んだので、そこで宗城もとうとう諦めて暇をくれることになった。村田はすぐに大坂へ上《のぼ》ってきてこれから勉強を廃して、専ら眼の治療に取りかかった。そのうちに上手く薬が効いて、眼は治って元の通りになったから、今度は大坂を後に江戸へ出てきて、蘭学の教授や翻訳を始めたのである。

6　幕府の蕃書調所の頭から毛利家へ

このことがいつの間にか幕府に知られて、初めのうちは不審に思われて取り調べを受けたが、いかにもその人物ができているのみならず、蘭学の造詣《ぞうけい》が深いというので、そのころには幕府でも、蕃書《ばんしょ》調所を設けていたくらいだから、改めて村田を幕府の召し抱えとして、その取調所の役人に採用した。そういうことになると、村田の名は一層諸藩の間に伝えられて、毛利の領内から出た村田は実に偉い者であると、その評判はだんだんと高くなってきた。それがいつのころか毛利家へも聞こえる。不審に思いながらも調べてみると、周防国の片田舎で、医者をしていた村田良安が、今は名を蔵六と改めて、幕府の蕃書調所の頭をしているのだと判ったから、毛利家では今さらのように驚いて、重臣が協議をした結果、どうしても蔵六を引き取らなければならない、ということになった。今や毛利藩においても、兵制の改革を大いにする時なのである。深く蘭書に精通して、西洋の兵学に詳しいとあってみれば、たとえ他藩の領地にいる者でも、高禄《こうろく》を出して召し抱えようとした矢先に、自分の領地からこんな偉い者が、世に出ていることを知らずにいたのは、いかにも迂闊《うかつ》な次第であったが、しかし、幕府へ抱えられていてはどうすることもできない。何度か重役の間での問題にはなったが、とうてい諦めるより他はなかった。

当時、政務座役を勤めていた、周布政之助《すふまさのすけ》という人がいた。この人はのちに土州の山内容堂を罵倒した一件で罪を得て、表面は切腹して死んだことになって、その日から浅田公輔と名を変えて、引き続き毛利家のために尽くすことになった。その初めはやはり領地内の、低い身分の者だったが、その才幹に惚《ほ》れ込んだ毛利侯が抱えたのである。この人の倅《せがれ》が公平といって、つい四、五年前に、神奈川県知事から枢密《すうみつ》顧問官になった。その知事在職中に、県庁に秘蔵してあった、尾形光琳の金屏風を自分の物として、山県有朋へ贈り物としたことが発覚して、新聞ですっぱ抜かれたり、検事局の調査を受けたりして、危うく刑法上の問題になりかかった。もしこれが事実であるとなれば、窃盗罪に問われなければならない。周布も驚いて、枢密院を退き隠居届けを出して、倅に家を譲って、わずかに法律の制裁だけは免れることができて、この事件は有耶無耶《うやむや》のうちに葬られてしまった。

高位高官の肩書きのある者が、往々にしてこのようなことをするのは、風教（風俗と教化）の上に大影響のあることであるから、深く慎まなければならない。それとは事情が違うが、大浦兼武が政府の金をもって、議員の買収を行ったことが、高松の裁判所の調べによって、いよいよその事実が明確になったが、大浦は素早く大臣を辞めて隠居した。このために起訴猶予ということになって、倅は子爵を相続して、立派な華族になっている。周布といい、はたまた大浦といい、すべて偉い役にある者がこういうことをして、国民の前に示す以上は、どんなに学校で倫理の講義を聞かせても、また修身談を骨身に沁《し》みるほど言って聞かせたところで、偉い役人ならば悪いことをしても隠居すれば罪を逃れるというような、実地教育をしているのだから、学校教育の効《かい》は無いことになって、人心はますます堕落腐敗の淵《ふち》に沈んで行く外《ほか》はない。ちょっと話が他に逸《そ》れたようであるが、とにかく、公平は父の名を汚したと言っても当然である。

倅の公平はこんな詰まらない人であったけれど、父の政之助はたしかに偉かった。のちに京都の戦争についての責任を負って、切腹して相果てたが、未だに毛利家では、そのあとを祀っているということである。極めて才知に富んだ人であったから、村田を幕府から取り戻すことについては、一切の責任を引き受けてから、村田のところへやって来て、諄々《じゅんじゅん》として説いた。村田もついに周布の説法に動かされて、

「幕府の方でさえ暇《いとま》を出せば、いつでも藩侯の家来になることは受ける」

という答えをしてくれたから、そこで周布は改めて幕府の役人に談判を始めた。どういう口実をもって談判したかというと、それが実に面白い理屈をこねたものだ。

「我が領地内の者を、いかに公儀において必要があればとて、藩主へ一応の御照会もなく、妄《みだ》りに御召し抱えになったのは如何《いか》なる次第であるか。長い間、浪人はさせて置いたが、今や藩において同人の必要を感じて、召し出そうと致したところが、既に公儀へ御召し抱えになっていると聴いて、実は驚いたのである。将来のために申し上げておくが、今後は領地内の者を召し抱えられる時は、左様な乱暴なことをされては困る。村田は速やかに御戻しを願いたい」

こう言って出たので、幕府の方でもいささか面食らって、村田を引き止めておくこともできず、ついに毛利へ返すことになったのである。それから村田は毛利の家来として、重要な地位を得ることになったのだ。

文久三年（一八六三）の春、伊藤俊輔や井上聞多がイギリスへ密航する時分に、藩の若殿、長門守から与えられた旅費が不足で、出立することができない。その時に伊藤の発案で、当時留守居役をしていた村田へ相談する

ことになって、一行五人の者が押し寄せて来て、二千両の旅費を貸せといって迫ると、村田は膝を打って、一同の決心を激賞し、五千両の金を、

「これを持って行け」

と差し出した時には、さすがの五人もいささか面食らって、容易に手を出し得なかった、ということである。村田は五人を戒めて、

「足下等《そっから》（あなたがた）がこのたびの洋行は、大きく言えば日本六十余州の御為《おため》であるし、内輪に言っても毛利三十六万石の御為《おため》であるから、深く心して異国のことを調べて来なければならない。ただ一時の血気に任せて、前後の分別のない所業《しょぎょう》をしてはならない。恥を忍び垢《あか》を飲んで、惜からぬ命を長らえて、武士道を立てた例もある。如何なる場合があっても、命を全《まっと》うして帰ってきてくれ」

といって聞かせ、それから五人を洋行させたのであるが、とにかく、村田はその時代から、よほど優れた思想を持っていた人に違いない。

幕府が長州征伐の軍を起こした時にも、村田は藩の参謀長として、新式の兵学から割り出した防御法を考案して、ついに幕軍を一歩も国境へ踏み込ませなかった。それには高杉晋作のような優れた人物もいて、吉田松陰の門人たちが必死になって働いた結果ではあるけれど、しかし、その戦争の駆け引きなどについては、まったく村田の力に与って大なるものがあった。そのころから村田の名は、藩においても重きをなし、幕府の方へも強く響いてきたのである。

7　彰義隊との戦いに指揮をとる

幕府が、長州征伐に失敗してから、大勢は急転直下の勢いで、すべて幕府の不利になることばかり起こってきて、その間に薩長の連合は成り、薩藩の影に隠れて、長州藩士は続々と京都へ乗り込んでくる。今まで幕府に味方をしていた公卿までが、薩長二藩の頤指《いし》（あごで指図すること）のもとに動くようになってきて、ついに徳川慶喜は政権返上の願いを出して、大坂へ退く。引き続いて鳥羽・伏見の戦いとなり、これも幕府の大敗と決して、慶喜はわずかに身をもって江戸へ逃げ帰るという、哀れなありさまであった。

ここにおいて、官軍は大挙して江戸城を攻めるべく東海道、中山道、甲州街道の三道から、並び進んで来て、慶応四年の三月十五日をもって、江戸城の総攻撃をなすべく、一切の手順が整った。このときに幕臣の中から、勝海舟のような偉い人物が出てきて、官軍の大参謀をしていた西郷吉之助と会見の結果、談笑の間に江戸城の受け渡しは済んだのである。

同年の四月十一日、慶喜は江戸城の受け渡しが済むと同時に、水戸へ退身してしまった。こうなればもう大勢は官軍に有利となって、幕府の方では手も足も出ないはずであるが、何しろ二百年以上も直参風《じきさんかぜ》を吹かして、江戸八百八町に横行闊歩《かっぽ》していた、いわゆる旗本八万騎の中には、いくらか硬骨の人もあって、ごく少数ではあったが、その一団が上野へ立てこもって、あくまでも官軍に対抗すべき気勢を示した。この一団を彰義隊《しょうぎたい》と称したのである。

徳川家光の代になって、上野に寛永寺《かんえいじ》を建立し、その本坊を輪王寺《りんのうじ》と名付けて、代々の法主《ほっす》には宮様を迎えていたのである。幕末のときに法主になっておられたのが、北白川宮能久親王《よしひさしんのう》であった。改めて申すまでもなく、北白川宮は皇室に深い縁故のある御方であるから、どこまでも官軍の味方でなければならないはずであったが、人間の情愛は実に不思議なもので、長く江戸におられた宮は、いつか佐幕の御心になられて、徳川の危急を救おうという思し召しがあった。それにすがって、慶喜は謹慎を表するときも、大慈院の一室へ籠もったのである。彰義隊の一団は、どこまでも宮を奉じて、官軍と戦おうの覚悟であった。いよいよ官軍が江戸へ乗り込んできて、彰義隊にその立ち退きを迫ることになったから、そこで衝突の端は開かれ、五月の十五日をもって、いよいよ戦争ということに決したのである。

官軍の大参謀は西郷であったが、何といっても諸藩の兵を集めてきたので、いわば烏合《うごう》の衆にも等しいものであるから、各藩の兵士は、各自の考えをもって進退するといったありさまで、その乱雑さとまとまりのなさは、ほとんど名状することができないほどであった。このときに江藤新平が太政官の用事で、江戸へ出てきた途中、品川に一泊して、官軍の取り締まりの無いありさまを実見した。これではいけないと考えて、御用を早く済ませ、昼夜兼行で京都へ引き返し、自ら太政官に出て、官軍の暴状をありのままに訴えて、一日も早くこれを取り締まって、民心を治め、あわせて上野の彰義隊を一掃しなければ、不測の禍《わざわい》はこのあたりから起きてくるだろう、という意見を申し述べた。ここにおいて、にわかに大村益次郎を江戸に送ることになった。この人がすなわち村田蔵六のことである。

いよいよ彰義隊との戦いは開かれたが、一切の作戦計画は大村がことごとくやってしまったのである。大村は長州藩士であって、薩藩の者から見れば、この人の指図を受けるのははなはだ不快の念に堪えない。そこで西郷を訪ねて、

「閣下が、大参謀であるにもかかわらず、長州の大村が出しゃばってきて、あれこれ指揮をするのははなはだけしからん。閣下が自ら戦略を定めて、指揮をしてくださるように願いたい」

というのを聞いて、西郷はにやりと笑いながら、

「それは、お前達の言うことが間違っている。大村は長州藩士でも、今は朝廷の御家来である。その点については、俺《おい》どんと少しも変わっていないのじゃ。大村は西洋の兵学にも通じて、戦《いくさ》上手な人じゃから、一切の戦略を引き受けて、大村が彰義隊を討ってくれれば、まことに結構なことではないか。大村の知略をもって、彰義隊を征討しても、大参謀は俺どんじゃから、やはり俺どんが政略したことになるのじゃ」

さすがに西郷は大きいところがあった。この場合に一切の戦略を大村に任せて、自分はぶらぶら遊んでいながら、彰義隊の討滅《とうめつ》されるのを待とうとする。この雅量は普通の人のちょっと真似できないところである。不平を抱いていた薩藩の勇士たちも、このために屏息してしまって、大村の指図に従うことになった。

いよいよ戦闘が開始されると、大村は上野広小路の呉服店、伊藤松坂屋の二階に参謀部を設け、自ら地図を開いて、一々各方面の官軍に指揮をしていたのである。戦闘が激しさを増し、もう正午すぎになったころ、大村は松坂屋の二階から下りてきて、これから各方面の官軍を見回り、戦況を視察して、午後の三時すぎに湯島天神の境内にきて、ここで上野方面をじっと見下ろしていた。こうするうちに官軍の打った大砲が吉祥閣にあたって、炎々たる火事が起こった。それを見た時に、大村が思わず膝を打って、

「もうよい」

と言った。そのときの様子がいかにも立派で、側に付いていた者が、いつまでも忘れることができなかったほどである。今、九段坂の上に銅像になっている、あの形はそのときの様子を、そのままに取ったのであるということだ。多くの銅像が寂しそうに立っているそのなかに、大村の銅像だけには、何となく生気が動いているのはこのためである。

今日一日のうちに彰義隊を滅ぼしてしまわなければ、江戸八百八町に潜伏している、旗本八万の士が夜の暗さ

に乗じて一時に蜂起する恐れがある。そこで大村は、彰義隊征伐については、灯《あか》りの点《つ》かないうちに一人残らず打ち払ってしまうという計画であった。だから吉祥閣に火の起こったのを見て、大村は、

「もうこれで大丈夫」

という安心ができたので、思わず膝を打ったのである。その計画が図星に当たって、見込みの時間に違わず、彰義隊を一掃できたのは、大村の戦略がよかったためと言わなければならない。上野の戦争についても、大村はこういう偉功を立てた人である。単に机の上ばかりでする、講義倒れの兵学家とは、だいぶ趣《おもむき》の違ったところがあった。

8　大村の国民皆兵案と守旧派の抵抗

奥羽の戦争が済み、箱館の戦争もすでに結局の見込みがついている。ここにおいて、大村は兵部大輔の大任について、軍制の基礎を立てることに着手した。その時代の兵部大輔は、今の陸軍大臣と参謀総長を兼任しているようなもので、陸軍においての兵部大輔は、無限の権力を有していたものだ。西郷は陸軍大将であったけれど、大村にこの実権を与えたところに、また西郷の偉大なる点があらわれていた。薩藩の人はもちろん、その他にも不平を抱く者があって、何度か大村排斥《はいせき》の運動は起きたけれど、いつもこれを抑えていたのは西郷であった。大村はこういう地位に上《のぼ》ったから、自分が今まで懐抱《かいほう》していた陸軍に対する意見は、すべて実行しようとした。そうしたなかでいくらか効を取り急いだ点もあって、のちの禍《わざわい》を引き起こしたが、とにかく、この時代に徴兵令の施行を案出して、全国皆兵の主義を実行しようとしたところなどは、軍事の上においての先覚者として、崇敬するだけの価値はあると思う。特に陸軍の基礎を定めたことについては、軍器の製造所を設ける必要があるの

で、京都へやってきて、その地所の選定にかかった。この時分から大村に対する猜疑《さいぎ》の念は、薩藩士の中にだんだんと盛んになってきて、いつか時期を見て大村を蹴落《けお》とそうとする考えは、皆持っていたのである。

今でこそ、全国皆兵主義を唱えたからといって、あまり珍しくも思われず、またそれが当然なのであるから、格別に名論卓説として、人の尊敬も受けないけれど、明治二年の頃に、全国皆兵論を唱えて、徴兵令を施《し》こうとしたのは、まったく破天荒の企《くわだ》てであった。少なくとも五年と十年、進んだ知識を有する人のすることだ。その半面には守旧論者がいて、これを奇怪な意見として、しきりに排斥しようとした。長い間、武家が天下の味を占めて、どこまでも武士は四民の上に立つ者として肩で風を切って歩きたい、という思想《かんがえ》のあるところへ、農民でも商人でもかまわず引きあげてきて、これに軍器を持たせて、一国の防御に当たらせるというのだから、士籍にある者が、不平を起こしたのは当然である。多くの人物の中には、大村と同じように、徴兵実施の考えを有していた者もいたであろうが、公然とこれを唱える勇気がなかったのは、士籍にある者の反抗を恐れたからである。

大村はそんなことには頓着なく、ほとんど実行の運びに近づくほどに、その調査も終わって、近く徴兵令は発表されるということが、外部へ漏れてきたから、そこで守旧派の憤激は、一層はなはだしくなってきたと同時に、大村に長くこの世にいてもらっては長州派の陸軍に対する勢力が強くなる、というような多少の嫉妬心も加わって、薩派の連中がうまく守旧派を煽《あお》り立てるので、大村暗殺の計画は、着々と熟してきたのである。それに加えて長州藩士の中にも、進歩・保守の二派があって、いつも暗闘を続けていた。大村は進歩派の先輩として、最も保守派に注目されているのを幸いに、その長州人の一部を煽《あお》り付けて、大村を亡き者にしようとした。この薩藩の計画は、まことに陰険を極めたものであった。

明治二年の八月、大村は京都へやって来て、これから兵学寮と機器局を設置すべき地所を、八幡方面に見出して、その図取りにかかった。このことが早くも守旧派の知るところとなって、密《ひそ》かに大村の隙をうかがっていたのだ。そういう風に一身の危機が、ようやく迫ってきたことは、神ならぬ身の大村は知るよしもなく、三条通り木屋町の宿屋に泊まって、部下の者に命じて、いろいろな調査をさせていた。越えて九月四日の晩、一通りの調査も終わって、これから晩酌に終日の労を忘れようとした途端、どかどかと踏み込んできたのは、神代直人ほか数名の暴士であった。物音に驚いて大村が振り返ったところへ、躍《おど》り込んできた神代が「エイッ」とかけた声とともに一刀斬りつけたが、大村は巧《たく》みに引き外して立ち上がった。空《くう》を斬った刀を取り直して、神代が横に払った一文字、今度はかわす暇《いとま》もなく、大村の右の膝頭へ深く斬り込まれ、「ちっ」と言って倒れたところへ、また一太刀、そのうちに大村の従者が、武器を手に駆けつけてきたから、神代たちは一目散にその場から離れ、どこともなく逃げ去ってしまった。

長州藩士の守旧派である、大楽源太郎と富永有隣《ゆうりん》の両人が、久留米の小河真文《まさぶみ》、古松簡二《かんじ》、熊本の高田源兵衛、小倉の志津野節三、秋田の初岡敬次、土州の岡崎恭輔等と図って、政府の改造をしようと計画をしていた。その手始めに進歩派の大村をまず倒そうということになって、大楽たちが使っていた神代の一派によって大村へ害を加えさせたのである。この神代が人を斬る名人で、何度かこれと同じようなことをやってきたのであるが、大村をその場で仕留めることはできなかったけれど、たしかに重傷は負わせたのであるから、その後の容態がどうなるかうかがってみると、大村の負傷は存外に重く、京都にいる医者では十分な治療ができない。さすがの大村もこれには閉口して、大坂へ行って西洋医の治療を受けることになった。このときはすでに傷口が腐乱して、治療は手遅れになっていたが、もしも脚を切り落としたら、生命が助かるかも知れないというので、切断はしてみたが、ついに治療は届かず、十一月の上旬になって、大坂の病院で大村は死んでしまった。

このときに珍説があったのは、まだその頃の京都は、攘夷《じょうい》熱が冷め切らず、外国人を忌《い》み嫌うことが一通りでなかった。現にイギリス公使のパークスが、陛下に拝謁《はいえつ》のため入京してきたときにも、大和十津川の浪士が、途中で待ち伏せをして、これを斬りつけたという珍事が起こったくらいで、そのころには、京都へ外国人を踏み込ませないというのが、上下を通じての意見であった。大村の負傷についても、大坂からすぐ医者を呼んで療治させたら、生命だけは取り留めたかも知れないが、どうしても外国人を招くことができないので、ぐずぐずしているうちに、時候が悪かったから傷口が腐って、ついにはあれほどの人物を失うことになったのである。今から考えれば、馬鹿馬鹿しいことだけれど、その時代に大村が徴兵令を実施しようとしたり、西洋式の兵学寮を造ったり、機器局を設けようとしたのだから、守旧派の怒りにふれたのも、実はやむを得ない次第である。

横井と大村の死について、政府は非常な手段までも講じて、ようやくその加害者をすべて捕まえたけれど、いよいよこれを処罰する場合に、政府部内の議論が二派に分かれた。一は、国家の重臣に対して、暴力によってその命を奪ったのだから、極刑に処すべしというものであって、これは当然の主張である。しかしながら他の一派は、あくまでも減刑論を唱え、たとえその行動は凶悪であってもその志《こころざし》は天下を思うところから来たのであるから、死罪だけは免れさせてやろうというもので、これは専《もっぱ》ら薩派が慫慂《しょうよう》して弾正台（明治二年設置の警察機関）の連中にこの議論を唱えさせたのである。

しかし、これについては大久保利通があくまでも頑張って、ついに両人を暗殺した者は、すべて極刑に処してしまったが、一時はこのために、政府内部はなかなかの動揺を極めたのである。凶行者の処分が終わってから、弾正台の役人で減刑論を唱えた者は、あるいは罷免《ひめん》され、あるいは譴責《けんせき》されるようなことになった。単にこれだけの事実から考えても、薩長の軋轢《あつれき》は近ごろに始まったのではなく、その時代からあったのだということが、十分に実証されるのである。

9 幕末における広沢兵助の活躍

横井と大村が暗殺された事情は一通り分かっているし、またその下手人も捕らえられて、それぞれに処分をされたが、一人広沢兵助の暗殺は、何のために殺したのか、その趣意も分からなければ、また下手人もついに捕らえられず、その嫌疑を受けて押さえられた者は多くいるけれど、いずれも証拠がなくて赦《ゆる》されてしまったのだ。長州藩から出て、木戸孝允と肩を並べたのはこの人だけで、その他はいずれも木戸に比べればぐっと下がっていたのだ。精悍《せいかん》の気が溢《あふ》れるかのようで、胆力もあれば識見もあり、特に議論に強い人であったから、何かと人の感情を害すようなこともあったけれど、早くから参与の職に就いて、引き続き参議となり、高く廟堂《びょうどう》の椅子について、天下の政務に与っていたのだ。さすがの木戸もこの人には、一目《いちもく》も二目も置いていたというのだから、その一事から考えても広沢の人となりはよく分かる。それだけの人物が暗殺されたにもかかわらず、ついに下手人が分からないというのは奇怪千万の至りで、特に他藩の出身と違って、いやしくも長州藩の第一流の人物である以上、どうしてもその下手人の分からないはずはないと思うが、しかし、実際においてはいまだに下手人が分からないのだから、実に不思議の至りだ。思うに、さらに年月を経なければ、この下手人は明らかにならないだろう。一説には、薩派の者が教唆《きょうさ》して行わせたのだ、という噂もある。いずれにしても下手人が分からないのは、不思議というほかはない。

広沢は初め波多野金吾と称して、長州藩が京都から追われて、非常に苦しんでいた時代には、なかなかに活躍した人である。あの井上が袖付橋で斬られたときは、政治堂の役人をしていて、井上から見れば長者の位置にいたのだ。幕府が征長軍を起こして、同時に厳重な談判があった時は、あくまでも幕軍に対抗して一戦を試みようという議論を、最も強硬に唱えたのがこの人である。そのために軟弱派の重役たちに睨《にら》まれて井上が斬られたあと、正義派の志士が一掃されたその際に、波多野も同じく禁固されてしまった。そののち藩の形勢が一変して、高杉などの正義派が威を振るうようになってから、波多野もまた罪を赦されて、再び藩政に携わるようになったのである。

征長軍に対する戦いは極めて好都合に運んで、幕軍は大敗を遂《と》げて、戦局も有耶無耶《うやむや》のうちに結ばれた。例の薩藩との連合もその間に成って、表面においてこそ長州藩士は京都へ出入りすることはできなかったけれど、薩藩の陰に潜《ひそ》んで京阪の地に少しずつ入り込んで、盛んに暗中飛躍を試みたのである、波多野もいち早く京都に乗り込んできて、東奔西走しているうちに、形勢はますます薩長二藩のために有利となって、徳川慶喜は政権を返上して、大坂に退くことにまでなった。これより先、岩倉具視は朝廷の勘気が許されて、再び廟議に参列するようになったので、今までの意見とはだいぶ隔《へだ》たりのある、倒幕論を公然と唱えるようになって、それから薩長の人々とは、自然に近づくようになってきたのである。

この際に、岩倉のことも一通り言っておこう。王政維新の大局は、自然の勢いと薩長二藩の努力から作られたものには違いないが、しかし、ある程度までは、岩倉の努力《はたらき》と認めなければならない事情がある。元来、岩倉は公武合体論者であって、このためには和宮《かずのみや》の関東への降嫁《こうか》についても、専ら岩倉の勧説からきまったものであるが、その和宮降嫁のことは、公武合体論が形になってあらわれたものであることは、いまさら言うまでもない。その後、朝廷の形勢が一変して、極端な倒幕論になったとき、岩倉はついに朝廷の勘気をこうむって、官位を剥奪させられただけでなく、洛中に住居することを禁止され、やむなく洛北の岩倉村に蟄居《ちっきょ》の身の上となり、剃髪して友山と号し、全く世と隔てられてしまったのである。

ところが、この人は公卿の出身でこそあるが、非常に胆力もあれば、見識もあって、自分の一身がこれまでの窮境に陥ったにもかかわらず、少しも気を落とさずに、悠然として、再び乗ずべき機会が来るのを待ち受けていたのだ。その間に倒幕論者が、この人を憎むあまり、何度か脅迫を加えてみたけれど、一向に効能はなかった。こうして歳月も経ち、慶応三年になって、時局はしばしば変転して、徳川はついに政権を返上せざるを得なくなった。この前後において、岩倉は再び官位を得て、朝議に参列する身の上となったのである。公卿の仲間が、岩倉の必要を感じたのみならず、薩長二藩の人々においても、岩倉のような豪胆にして知恵のある者が、朝廷に一人くらいは居てくれなければ、何事を図《はか》るにも都合が悪いというので、今まで岩倉を排斥《はいせき》していた者までが、その復職を喜ぶというありさまで、昔の憎まれ者が、とんだ人気を博することになったのである。こういう点から考えても、岩倉が普通の公卿とだいぶ異なったところのある人だ、ということが分かるはずである。

岩倉がまだ官位を復されずに、岩倉村に閑居しているとき、すでに徳川追討の密勅《みっちょく》が下ったのである。薩長二藩の人々の尽力で、かろうじてここまでは漕ぎつけたけれど、いよいよこの密勅が下った場合に、誰一人として薩長二藩へ、この密勅を取り次ぐ者がなかったのだ。それは何故かというと、徳川の勢威は衰えたに違いないが、まだ容易に倒れるという見込みもつかず、特に、大坂城には三万の大兵が控えているのが、公卿の眼前にちらついている。元来が先祖代々、臆病に生まれついている公卿は、一時の勢いで理屈詰めから、この密勅を下し賜るまでの運動はしたようなものの、さていよいよこれを二藩へ取り次ぐ場合になると、万一にもこのために、後日の禍《わざわい》を醸《かも》したときには、その取次をした者が、第一の責任者になるのを恐れて、取り次ぐ者がなかったのである。かといって、自分たちから進んで願ったこの密勅を、いまさら握りつぶしにすることもできず、陛下へ返還することはなおさらできない。そこで公卿たちは相談の上、このことをなし得る者は岩倉以外にないとなって、ついに官位を剝奪され蟄居している岩倉の手許へ、この密勅を送り届けることにしたのだから、今から考えてみても、この時代には陰晴《いんせい》常ならないことが多かったのである。

この密勅を、薩長二藩へ岩倉から手渡すときに、薩藩を代表して行ったのが大久保市蔵で、長州藩を代表して行ったのが広沢兵助であった。今から思ってみれば、この密勅を受け取るのは、何でもないことのように思われるであろうが、この時代のこととして考えてみれば、実に容易ではないことであって、一度その見込みが違えば、薩長二藩は全滅してしまうかも知れない。渡す方の岩倉にも、堅い決心があったろうが、これを受け取る大久保と広沢も、普通の覚悟ではできなかったのである。だからこそ後に徳川の兵が鳥羽・伏見の街道へ押し寄せて来たとき、廟議は紛糾《ふんきゅう》して決せず、まだ幾らか徳川に未練を残している公卿が、その機会に乗じて弱音を吐く。それを岩倉が頭ごなしに叱りつけて、ついには押さえつけてしまったのだ。それにはこの密勅が、非常な力になったのである。維新の際においての広沢は、とにかく、この密勅を受けるだけの地位にいた人であったことは、記憶しておくべき必要がある。

その後、鳥羽・伏見の戦いも済んで、征討軍が有栖川宮を総督に仰いで、関東へいよいよ攻め寄せることになった。あわや八百八町が戦場となろうとしたとき、幸いにも幕府には勝海舟のような知慧者があり、官軍には西郷のような偉人が出て、この両雄の会見の結果、談笑の間に江戸城の受け渡しは済んで、わずかに上野の彰義隊が戦いの真似《まね》のようなことをしたくらいのことで、天下太平の基礎はここに固められたのである。それから徳川慶喜の処分を、どうするのかということが問題になって、太政官の会議ではだいぶ激しく揉み合ったが、広沢はあくまでも慶喜を極刑に処さなければならないという説を唱えて、薩摩の西郷と衝突したくらいである。けれどもその説は行われず、慶喜は死一等を減ぜられて、静岡へ隠居することになった。

10　広沢参議の勢威と謎の暗殺

広沢が佐賀の江藤新平と相知って、よく江藤の建策を容《い》れたことについては、同じ長州藩の人の中にも、非常に不快の感を抱いたものがあったのだ。長州人は非常に江藤を嫌っていたのであるが、独り広沢は江藤を深く信じていた。明治政府が成って、江藤が参議兼司法卿という、偉い役目に就いた後、長州人との軋轢《あつれき》は一層はなはだしくなったけれど、維新前においても長州人とは、何かにつけて相容れなかった。もっとも、江藤は非常に経綸の才があって、議論もなかなか喧《やかま》しい人であったから、そういう点において長州人と相容れず、何となく毛嫌いされていたのだ。それを広沢が、江藤の建議を聞いて、その説をしばしば助けたので、江藤を嫌う情はかえって広沢を憎む心となり、このために何度か、広沢と江藤の関係については、長州人の間に苦情が起こったということである。この一事はどう考えてみても、後の暗殺事件に多少の関係を持っているように思われる。また薩藩の人たちが木戸に対してはそれほど恐れを抱かなかったけれど、広沢に対しては非常に遠慮がちであって、また広沢が薩藩の人に対しては、いつも強硬な議論を唱えて、その争いの衝に当たるというような調子であったために、薩藩の人は自然と広沢を煙たく思うような事情もあったのである。しかし、参議としての広沢の勢威は非常に盛んなもので、一時は広沢参議の名が、他の参議を圧倒するほどの勢いであった。その勢力が飛び離れてあったということが、あるいは暗殺の禍《わざわい》を引いた原因にもなったのであろう。

『堀のお梅』と題する探偵小説のような書物が、だいぶ盛んに行われたことがある。これは彼《か》の岡崎恭輔の昔語りを聞いて、小説風に脚色したものであるから、そのいくらかは信頼できるが、しかし、その人物観においては、はなはだ当を得ないことが多い。現にその書物の中に、広沢がただ酒を飲んで威張り散らしたり、女に溺れて取り締まりのない人であるようなことが、しばしば書かれているけれど、優れて偉い人物であった、ということは更に書きあらわされていない。ただ一篇の小説として、多くの読者によろこばれるのには、そう書いた方が面白いかも知れないが、広沢ほどの人物を、そのために滅茶苦茶な人間のようにしてしまったのは、いかにも惜しいことであると思う。

どうせ長州人のことであるから、女が好きであったのは言うまでもないが、ただそのためだけに広沢の人物像を悪くしてしまうのはつまならい悪戯《いたずら》だ。明治三年の一月九日の夜、九段坂上の広沢の妾宅に、何者ともわからないが忍び込んだ奴がいて、広沢は深く酒を飲んで、美人を擁して寝ていた。その不意を襲われたのだから、どんな人物でも防ぎようがなく、空《むな》しく殺されてしまったのである。

広沢の暗殺については、これ以上のことを述べることはできないのだ。なぜかというと、その後五十年も経った今日になって、いまだ下手人も分からないのだから、暗殺に関する詳細なことを、述べることはできないはずである。しかし、一緒にいた愛妾や、使われていた家来などは、すべてその筋へ引き立てられ、ずいぶんとひどい拷問《ごうもん》もされたようであるが、結局は、要領を得ずに全員放免された。今なお生き残って、よく浪人会などへでてきては気炎を吐いている熊本の中村六蔵。この人も嫌疑を受けて、だいぶひどい目にあったようだが、ついに証拠があがらず、他の事件で二十年も牢獄の生活をして、今では自由の身となって、歳はすでに老境に達しているが、元気は旺盛で、盛んに気を吐いている。あるいはこの人などの口から、広沢暗殺の真相が、いつかは知られてくるだろうという考えは持っているが、本人について聞いてみれば、顧みて他のことを言うのだから、あるいはその想像は外れるかも知れない。

わずかに一年の間に、大村、横井、広沢の三人を失ったのみならず、暗殺の惨劇が演じられて有為の人物が、だいぶ闇から闇へ葬られたのだから、実に恐ろしい時代であった。

九　雲井龍雄の陰謀

1　雲井龍雄――明治初年の米沢藩の奇傑

高杉晋作が幕府における長州藩唯一の奇傑《きけつ》であるならば、雲井龍雄は明治初年における米沢藩の奇傑である。晋作は徳川氏の運命がまさに尽きようとする機会をとらえて、あるときは攘夷を標榜し、またあるときは勤王を唱え、長州藩の勢力を巧みに利用して幕府に対抗したのである。もとより晋作は、長州藩の代表者というほどの位置にはいなかったのであるが、ほんの僅《わず》かの間でも、藩の幕府に対する方針が晋作によって動かされた時代はあるのだ。その点からいえば、晋作が長州藩の力を利用して、自分の主張を行おうとしたものであるといっても、あえて過言ではあるまい。

長州藩が倒幕の野心を深く包んで、表面は皇室の名によって進退した、幕末のあの働きはもとより一個の高杉が、これを成したものであるとは言えないが、しかし、そのことが藩の方針となって、ようやく天下の大勢も、またそれと同じ道に傾いてきた場合において、晋作が決然と立って、倒幕の大活動を開始して、それによって長州藩の勢威を幕府に示したことは、たしかに晋作の力が与《あずか》って大なるものがある、と言い得るのだ。ある時は順境に、またあるときは逆境に、その浮沈《ふちん》もほとんど旦夕《たんせき》に計り難いものはあったけれど、巧みにその激流をくぐり抜けて、あれほど紛糾した藩論を帰一させ、ついに幕軍を国境に防いで、あの奇功を収めた前後の振るまいは、真に天下第一人と称すべきである。その歳を問えば、わずかに三十に満たず、その身分を言えば、ようやく士分であったにすぎず、藩政の上になんの重き地位ももっていなかったのである。そんな身分の者がついに藩の実権を握って、天下の大勢を作りだしたということは、幕末の各藩を通じて、多くその例を見ないのである。

もし、雲井龍雄が長州に生まれていたならば、たしかに晋作と同じような人物であったに違いない。もし、米沢藩が長州藩と同じ立場にあって、幕府と相争ったならば、龍雄はやはり晋作と同じ道を進んだに違いない。惜しいかな、米沢藩には天下の大勢を洞察する士はなく、藩主上杉侯もまた明察の君主ではなかったから、その藩士たちも、長州藩のような活動をなし得なかったのである。しかしながら、龍雄の性格やその意気からこれを察するに、まさに晋作と同型の人物であったことは、あえて疑う余地はないくらいだから、この龍雄をして自由にその驥足《きそく》を伸ばさせず、いたずらに陰謀の罪人として、三尺高い木の空にその頭を曝《さら》させたのは、実に遺憾《いかん》の極みである。

明治政府が成ってわずかに二年、多くの人はいまだ封建政治の夢を見ていたのみならず、薩長二藩の専横は、日を追って激しくなる。それに憤慨《ふんがい》して、ようやく反感を持っている人が多いこの機会に乗じて、龍雄が巧みにこの人心を利用して、同盟の連判に加えた同志は三千人の多きに上ったのである。事敗れて縛につく前、いち早く龍雄はこの連判を火中にしてしまったから、その人名は世に露《あら》われずに済んだけれど、もし、この連判が政府の手に入ったならば、その後栄達して権勢を得た人々の中にも、刑場にその首を曝した者が多くあったに違いない。龍雄が封建回復のことを声明して、同志を募《つの》ったその心事は、必ずしも封建回復にあったのではない。当時の人心、特に不平の徒を糾合《きゅうごう》するためには、この題目を唱えるのが最も近道だった。だからこそ龍雄は、この題目をとらえて多くの同盟を作ったのである。ただこの一事を皮相から見て、龍雄が極めて守旧頑迷の徒であるかのように批評し去っては、真に龍雄の心事を知っての批評とは言えない。著者は常に龍雄の事跡について、このような観察をしていたのだ。今その謀反《むほん》の跡を尋ねることについても、漫然と当時の高杉晋作と対比して、龍雄が米沢藩に生まれて、いたずらに時勢に逆行したために、長く歴史の上に、その賊名を謳《うた》われることになったのを悲しむ者である。

2　江戸で安井息軒塾に学ぶ

龍雄は、弘化元年（一八四四）の三月二十五日、米沢の城下に生まれた。父は中島惣右衛門といって、平凡な武士ではあったが生まれた龍雄は非凡な奇傑であった。兄の虎吉はほとんどその生存も認められないくらいであったが、弟の龍雄は実に偉いものであった。二十二歳の時、初めて江戸に出て、安井息軒《そくけん》の塾に学び、わずかに一年で塾頭となったのである。龍雄がどんなに偉くても、一年の短い月日で万巻の書を読破することは至難である。江戸に出る以前、米沢において十分の読書をして、すでに古今の歴史にも通じ、経書《けいしょ》の真諦《しんてい》も極めていたのだ。ただ息軒の塾に入ったのは、その仕上げをしたに過ぎないのである。息軒は深く龍雄の人となりを信じて、早くも塾頭に引きあげたのだった。そのころから深く時勢の日に非《ひ》なるを憤慨して、藩の重役にしばしばその意見を披瀝《ひれき》したことはあるが、さらに用いられるところとはならなかった。初め安井の塾に入ろうとした時、龍雄は息軒に対して、少しも尊敬の態度をとらず、あたかも友人と談笑するかのようにして、他の門人が傍《かたわ》らから見ても癪《しゃく》に障《さわ》るほどであったという。しかしながら一度《ひとたび》息軒に許されてその塾生となるや、数日も経たずにその態度は一変した。今度は今までの門人も遠くに及ばないほどに敬虔な態度で息軒に師事するようになった。ある門人が龍雄に向かって尋ねた。

「足下《そっか》（あなた）が入門する時分には、先生に対して無礼の態度をとったにもかかわらず、今日に至ってまったくその様子が変わったのは、どういうことか」

龍雄はにっこりと笑って、

「初めて先生にお目にかかった時は、今江戸で有名な息軒先生も、あえてその学問においては、敬意を払うに足るだけの御方ではないと思ったのじゃ。仮に学問は拙者より一日《いちじつ》の長者《ちょうしゃ》であるにしても、その識見は拙者を敬服させるだけの、深いものはなかろうと思ったのじゃ、しかしながら一度、その温容《おんよう》に接するに及んで、その学と識と、共に遠く及ばざることが分かったから、ここにおいてわが長者として尊敬に足ると、深く心服することができたので、今はただその門人として、先生の心を損なわないことにのみ、努めているのである」

この答えを聞いた門人は、龍雄の剛腹にして、あえて人に譲らないその気分に恐れ入った、ということである。

ある日、息軒が龍雄を呼んで、

「お前を煩《わずら》わせて本当に気の毒であるが、この頃、俺の知人が持っていたブランケットというものを見たが、巧みに獣類の毛を織り込んで、手触りも柔らかく、かつ暖かくできている。これを畳んで敷《し》けば、座布団の代わりにもなり、これを広げて覆えば夜の布団の代わりにもなる。もし旅行をする時に纏《まと》って行けば、雨の凌《しの》ぎも付く。ぜひ一枚欲しいと思うが、これを求めるには横浜まで行かなければならない。ついてはお前にこれを買ってきてもらいたいと思うが、どうじゃ」

「よろしゅうございます、行って参りましょう。横浜は外国人の居留地のあるところでありますから、その模様も見て来たいと考えますから、別に一日の御暇《おいとま》をいただきたい」

「それは承知いたした」

そこで龍雄は横浜へ「ブランケット」を買いに出かけたが、三日ほどして龍雄は帰ってくると、すぐ息軒の前に出て、

「ただいま戻りました」

「おー御苦労であった、どうじゃな、ブランケットは……」

「せっかくの御申し付けでありましたが、ブランケットを買うことは止《や》めてきました」

「何じゃ、わざわざ横浜まで買いに行きながら、ブランケットは買わずにきたと申すのか」

「そうでございます」

「それは、どういう理由か」

「先生の仰せの通り、ブランケットというものは誠に手触りも柔らかく、便利なもののようには思いましたが、しかし、従来からある毛氈《もうせん》と少しも異なるところはございません。その類似品がないのなら格別のこと、すでに毛氈という調法なものがありますのに、それよりはやや優れているというために、高金を出して別に求める必要もなかろう、と考えまして、買い入れることは止めに致しました。が、しかし何か御土産をと存じまして、いろいろ探した末、こういう珍本を探してまいりましたから、これで御不承《ごふしょう》を願います（不承知でしょうが我慢して下さい）」

と言いながら、息軒の前に出した一冊の書物を、息軒が取り上げてみると、それは漢訳の万国公法であった。

「ブランケットの代わりに、こういうものを買ってきたのか」

「そうです、一枚のブランケットにくるまって、わずかに快《こころよ》く眠りを貪《むさぼ》ることよりは、この一冊の書物によって、万国交通の条理をわきまえる方が、趣味《たのしみ》は深いだろうと存じまして、これを求めて参りました」

「うむ、そうか、それはかえってこの方がよかった」

息軒の心では、どこまでもブランケットが欲しかったのだけれど、龍雄の言うところに一応の道理もあり、またその奇才大いに愛すべきものがあると思ったので、小言を言うのはやめて、快く一冊の万国公法で満足したのである。

3　帰郷報告と京都行き

そののち龍雄は藩命によって、故郷の米沢へ帰ることになった。米沢を出るときから龍雄のことは、同輩の間でもだいぶ評判になっていたし、また安井塾へ入ってからのちの龍雄の消息は、しばしば人伝《ひとづて》に同輩の間に知れていたから、龍雄が帰ってきたのを聞くと、その連中がだんだんと集まってきて、いろいろな話を聞こうとする。特に当時のことであるから、外国人のことを尋ねるものが多かった。たいがいは攘夷の思想を持って尋ねるから、奇怪千万なことを言うものもあって、龍雄はほとんど応答の暇《いとま》もないくらいであった。

「外国人は脚が曲がらないということでござるが、もし脚が曲がらないとすれば、歩くときにはどういう風にして歩くものだろうか」

こういう奇問を発するものもあれば、また、

「平生《へいぜい》、人肉を好んで食うというが、その辺のことはどうであるか」

こんな馬鹿げたことを尋ねるものもある。龍雄は、

「お前たちの言うことは、みなが申しているようじゃが、百聞は一見にしかずで、拙者が横浜へ参って見てきたのとはまるで違う。五体の構造《つくり》は少しもわれわれと異なったところはなく、かえって筋骨のよく発育しているところは、とうていわれわれ日本人の及ばないところであって、何事にも思慮は綿密であるし、規律は整然として立っているし、特に人情も厚く、懐も深く、とうてい日本人などそれに及ぶところではない」

「ははー、そういうものでござるかな」

「特にその夫婦仲の良いことは、実に他の見る目も羨《うらや》ましいくらいで、出入りには必ず相携えて行く。しかも白昼公然、人中でも互いに腕を組んで行くところは、比翼連理《ひよくれんり》の譬えも及ばず。特に大切なことを行うときには、必ず払暁の一時をもってする。これは太陽が東の方に昇って、天地の明るくなるときほど、人間の精神の爽快なときはないのじゃ。すなわち外国人はこのときを利用して、なにごとも計《はか》る、こういうことまで、日本人とはだいぶその考えが違っているのじゃ。はっはっは」

外国人のことを悪く言うだろうと思って、それを予期して聞きに来た連中も、こういうことを聞かされて、実は案外の思いをして立ち去ったものも多い。これは龍雄がほとんど冗談半分に、愚問を発する奴を戒めて、追い払った逸話に過ぎないけれど、そこにも龍雄の観察の優れているところもあらわれていると思う。

こうして慶応三年の春、藩命によって龍雄は、京都へ上《のぼ》ることになった。このときには、ことさらに遠山翠《みどり》と変名して、着京ののちは藩邸にいた。けれど、多くの人と交わらず、密かに大勢の赴くところを見ていたのである。この際は、幕府においてもっとも面倒なことが続いて起こった時代であるから、少しく志《こころざし》のある者は、皆興味を持ってその時代の推移していくありさまを見ていたのである。そのうちに徳川慶喜は突如として、政権返上の願いを出した。一度このことが漏れると、佐幕派の連中は非常な騒ぎでこれを打ち消そうと努めたけれど、ついに何の効《かい》もなく、政権はすべて徳川の手から離れてしまった。同時に慶喜は、大坂城へ引きあげる。朝廷からは領土返納のことを迫ってくる。というようなわけで、朝廷と幕府との間は、火を擦《す》るような争いになった。その結果が、例の鳥羽・伏見の戦いとなって、幕軍はついに散々の敗北で、慶喜は江戸に走る。この際に徳川征討の詔勅が下ったのである。これまでの経過を静かに見ていた龍雄は、思わず嘆声を漏らして、

「時勢の傾いて行く、その機微《きび》を悟らない幕府の役人も愚かであるが、しかし、わずかなことの誤解から、宮闕《きゅうけつ》へ鉄砲を撃ったくらいのことで、すぐにこれを逆賊として、征討の詔《みことのり》を発するようなことを朝廷にさせるのは、まったく薩藩の者どもがすることであって、もしこの勢いをこのままに打ち捨てておいたならば、今後は薩藩がどこまで増長して来るかわからない。もうこうして傍観《ぼうかん》の地位に、安然としていることはできない、これから徳川のために奮起して、あの薩賊を討たなければならない」

と、ここにはじめて薩藩に対する、憤恨《ふんこん》の情が起こってきたのである。ことは薩長連合の上でできたのだけれど、表面は、まだ長州藩が頭を出さずに、どこまでも薩藩の影に隠れていたから、そこで龍雄の眼についたのは薩藩の行動である。したがってその憎しみの多くが薩藩にかかったのは、実にやむを得ない次第だ。当時、龍雄と同じ意見を持っていた者も相当にあった。特に熊本の平井襄之介が、まったく龍雄と同一の考えを持っていたから、互いに手をとって、深く相約して、これから両人揃って、東海道を江戸に下ることになったのである。

大井川の辺《ほとり》で、霖雨のために十日あまり空しく過ごした。そのうちに官軍が続々と関東へ進んでいくのを見て、もはやこうしてはいられない、時勢は刻一刻と迫ってくるという感も起こるし、川の開くのを待って、すぐに昼夜兼行でここから江戸へ乗り付けた。しかし、品川まで来ると、官軍の先手はすでにその一部が品川にまで

迫っていた。そこで容易に江戸へ入ることはできないから、平井と共に旅商人の姿に身をやつして、辛《かろ》うじて江戸へ入ったが、もうこのときは各藩邸は、それぞれに引きあげてしまって、留守居もいないというような次第で、やむを得ず白金の興禅寺へやってきて、ここにしばらく身を潜めて、幕府の運命《なりゆき》を見ていたのである。

4　龍雄の薩長離間策

こうしているうちに、官軍はいよいよ江戸の四境に迫る。有栖川宮は征討総督として、駿府城に大本営を定めて、その勢いは実に素晴らしいものである。しかしながら龍雄は、今日までの大勢は幕府に不利といっても、なお幕府には旗本八万の士もあり、奥羽諸藩は多く同盟して幕府を助けることになっているのだから、立派な戦争が起こると思っていた。ところが意外千万にも、幕府の陸軍総裁職である勝海舟が、官軍の大参謀西郷吉之助に対面して、わずかに談笑の間に、江戸城の受け渡しの約束はできる、同時に徳川慶喜は、江戸を立ち退いて水戸へ引きこもる準備にかかった。これにはさすがの龍雄も意外の感に打たれて、何度か天を仰いで嘆息《たんそく》はしたけれど、いまさらに自分たちの力でこの大勢を挽回《ばんかい》することはできない。ここにおいて奥羽諸藩が、あくまでも連盟を固くして、官軍に対抗する決心を示しているのはこの上もないことであるから、一日も早く米沢へ立ち帰って、どこまでも官軍と争い、この大勢の挽回を図らなければならないと決心して、興禅寺を出て、米沢へ帰ることになったのである。

その際に、幕臣の人見勝太郎と出会って、互いに手をとって将来を約した。この人見が明治になってから、茨城県令を勤めた寧《やすし》のことである。非常に剣術の上手な、幕臣中でも屈指の人物であった。かつて鹿児島まで西郷を殺しに行って、ついにその目的を遂げずに帰ってきたというような逸話もあって、利かない気のなかなかに面白い人物であった。

龍雄が米沢に着いたのは、明治元年の六月七日のことであったが、米沢の兵は既に越後路に出て、会津藩と呼応して、盛んに対抗していたのだ。龍雄もすぐにそのあとを追い、越後へ来て、甘粕備後守に会って、

「今、官軍がこの大勢を作ったのは、その根本は薩長の連合にあるのだから、この場合において薩長の離間《りかん》を策して、互いに相《あ》い争わせるようにしたら、官軍の中堅はこれによって乱れるので、その力もまたこれによって衰えて行く。その機会に乗じて討てば、大勢を挽回することは、そこまで難しいことではない」

といって、さまざまに薩長離間策について説いてみたが、甘粕はただ龍雄の説を聞くばかりで、容易にこれに同意はしなかった。

甘粕には、薩長離間の策は用いられなかったけれど、龍雄の所信はそこにあったのであるから、たとえ自分一人でも、この所信を貫かずにはおかない、という考えはあった。長州の時山直八が、かつて京都からの知己であるのを幸いに、その時山を利用して、薩長の離間を図ろうという考えを起こして、これから薩藩に対する不都合の箇条を数えて、

「薩長の二藩は今、時の勢いで連合はしているが、長くその連合は保てるものではない、特に薩藩の専横はその極みに達して、やがては長州藩に対してもその専横が差し向けられるから、長州藩は今から深く警戒するところがなければなるまい」

といったようなことを書いて送り、同時に討薩の檄《げき》を認《したた》めて、各藩に散布するということもしたのだ。つまり、龍雄は長州藩をあげて、薩藩を押し落とそうとしたのであるが、不幸にしてその策は行われなかった。しかし、この一事をもって龍雄を、ただちに長州派と目することもできなければ、また単に排薩というような簡単な意見

を持った人とも言えないのである。

檄文ができると、長州藩の武将、時山直八にわざわざその写しを送って、薩長の連合が長く続く見込みのない意見を書き添え、今より薩藩に対する長州藩の意向を、きつく定めておく必要がある旨を説いて、巧みに薩長の離間を図ろうとした。時山とはかつて相識《そうしき》の間柄ではあったけれど、とにかく、この際に龍雄がこういう離間を行おうとしたのは、よほど大胆なところがなければできないことである。時山も相当の思慮のある人であったから龍雄の煽動には乗らなかったけれど、龍雄はこの筆法をもって、誰に向かっても同じようなことを言っていたのだ。

それから龍雄は、会津へ回って松平容保を説いたのである。

「今、官軍は白河口に迫って、すこぶる戦争に窺するの状がある、もし貴藩の兵を割いて敵の背後から襲ったならば、一挙にして打ち破ることができる、ぜひそういう策を用いてもらいたい」

こういう献策はしたけれど、これも用いるところとはならなかった。そこで龍雄は、非常に憤慨して、

「会津侯にして既にこのようなありさまでは、とうてい官軍を打ち破ることは難しい。この上は別に策を立てて、大いに戦う用意をするほかはない」

と深く考えて、各藩の間を遊説することに決めた。いよいよ出発しようという段になると、今まで滞在しているうちに知己《ちき》になった、会津藩の御用人を勤める原直資《なおてつ》という人が訪ねてきて、一夜大いに談論をして帰った。翌日改めて龍雄を迎えて、

「先生の御高見は、実に敬服のほかはない、わが藩主は今奥羽諸藩の盟主となって、薩長の賊臣を討たんとは

しているが、これとても今日の状態では、その本懐を遂げることは難しいと思う。ついては自分も先生についていて、各藩の間を遊説して大いに義軍を起こして、彼らに当たろうと考えるが、同行を御許し下さることはできませんでしょうか」

「足下《そっか》の志《こころざし》は深く感佩《かんぱい》（深く感じて忘れないこと）に堪えない、何卒天下のために御尽くし下さい」

両人は血を啜《すす》って、深く約し、同志の者を語らって、別にことを起こすための準備にかかった。時に幕臣の羽倉鋼三郎、日光の桜正坊《おうしょうぼう》の二人が、原の紹介で同盟の列に加わって、これから四人揃って、各地を遊説することになった。

龍雄たちが人伝《ひとづて》に聞くところによれば、磐城《いわき》の方面において、今盛んに戦闘が起こっている、ということであるから、すぐに道を転じて、磐城へ入り込んで来ると、平潟湾の方面が戦い最も酣《たけなわ》であると聞いて、一同戦場を目指してやって来る。途中図らずも、人見勝太郎に邂逅《かいこう》したので、龍雄は手をうって、

「奇遇、奇遇」

と叫んだ、人見も同じく手をうって、

「貴下は、どうしてこの方面へ来られたのか」

「実は、こういう次第である」

と、これから龍雄が会津藩を説いて、説の用いられない顚末から、この方面に戦いが盛んであることを聞いて、応援に来たということを物語る、人見は龍雄の手をとって喜んだ。龍雄の紹介で、他の三名も人見と手を握り、これから幕軍に投じて盛んに戦ったけれど、官軍は、だんだんと援兵が加わってきて、ついに幕軍は、この方面でも大敗をとげて、龍雄たちは空しく敗軍の中に身をくらますほかはなかったのである。

5　羽倉の大奮戦で逃げのびる

奥羽の連合も、初めは非常に強かったけれど、まず第一の雄藩である仙台が曖昧《あいまい》な態度になる。それから続いて秋田藩が裏切ってしまった。その他の諸藩は風を望んで皆官軍に降《くだ》るありさまで、ただわずかに盟主の会津藩が最後まで踏みとどまって、遠く長岡藩と相応じて官軍を悩ますにすぎない。雲井龍雄はこういう具合に形勢が迫ったことは知らず、常野の各地に出没して、遠く奥羽に深入りしている官軍の背後を絶ち、これを苦しめようという考えで、まず沼田藩を説きつけるつもりでやってくると、意外にもこのときはすでに沼田藩は官軍に降《くだ》っていたので、かえって龍雄たち一行を捕らえようとした。ここにおいて、もはや逃れる道はなく、四人は必死の窮状に陥《おちい》ったのである。時に羽倉が龍雄に向かって、

「われわれの画策はすべて敗れ、こうなった以上は、もはや逃れる道はない。しかしながら、この一行がすべてここに屍《しかばね》を曝《さら》すのは、はなはだ策の得たるものではない。雲井先生は身を以てこの場を逃れ、奥羽の地に入って、最後の策を講じるようにして下され。また原氏も桜正坊も、前途になおなすべきことはたくさんにあるゆえ、この場のことは一切自分に任せて、一刻も早く立ち去ってもらいたい。今や沼田の藩兵が、時を移さずわれらを追って来るに決まっている。拙者はこの場において斬り死にするまでも、足下《そっか》等《ら》が遠く逃れるまでは、踏みとどまって最後の決戦を致す所存である」

と聞いた龍雄は、

「その御好意はかたじけないが、拙者らも貴下と血を啜《すす》って、今日まで相携えて参ったのであるから、この場において、足下《そっか》を一人残して立ち去るに忍びない。たとえ、沼田の藩兵がどれほどであろうとも、われら四人が

力を合わせて奮戦したならば、よもや脱出できないはずはない。あなた一人が死するというのは、義において承知いたしがたきところである」

「いや、先生それはならない、四人が共にこの場に戦ったならば、四人皆死するか、あるいは捕虜《とらわれ》の辱めを受けるか、二つのうちに過ぎない。それよりは拙者一人死を決して、足下等三人を奥羽へ落とし参らせる外、この場合においての良策はござらぬ。この一事は曲げて拙者に御委任を願いたい」

桜正坊も直鉄も、龍雄と同じように四人相携えて奮戦する議論を唱えたけれど、どうしても羽倉が承知しないから、そこで熟議の上、羽倉の言う通り、あとのことは羽倉に頼んでおいて、三人は奥羽へ落ち延びることに決めたのである。時に羽倉は、

「こう決まった上は潔《いさぎよ》く斬り死にして、足下等の落ち行くことを容易《たやす》くする外はないが、ここに一つ、雲井先生に御願い致したいのは、余の儀でもない。拙者は幕臣林鶴梁《かくりょう》の一子に生まれて、羽倉家を相続したものでござるが、羽倉家に対しては、どこまでも厚い義務を負っているのだ。しかしながら、江戸表出発のとき、一家は離散して、今はどこにどういうありさまでいるのか、それすらも知ることができない。ついては自分に一人の女子がいる。もし先生が、その志を伸べることができて、世にある時は拙者の遺子を尋ねて、羽倉の家だけは滞《とどこお》りなく継《つ》がせていただきたい、この場においての願いはこの一事でござる」

力抜山《ちからやまをぬき》、気世《きよ》を蓋うの気慨《きがい》をもって、沼田の藩兵を一身に引き受け、三人の同志を奥羽へ、無事に落ち延びさせようとする勇士も、親子の情はこのような場合にも厚いので、懇々《こんこん》とこの一事を頼み込んだ。龍雄たちは涙と共にこれを快諾して、ついに羽倉を残して奥羽へ急ぐことになった。

間もなく押し寄せてきた沼田の藩兵を引き受けて、羽倉は潔い最期を遂げてしまった。しかし、羽倉の奮闘が激しかったために、この一人を仕留めるのに手間を取ったから、三人は無事に引きあげることができたのである。羽倉の死に臨んで頼んだことは、友誼に厚い龍雄が、寝ても醒めても忘れることなく、常にそのことを心がけていた。

ところで会津を経て米沢へ帰る途中で、一人の男の子に出会った。その様子を見ると普通の町人の子とはだいぶ違ったところがある。そこで仔細を聞いてみると、これも幕臣横山某の三男に生まれて、母とともに江戸を落ちて、奥羽へ行く途中であるが、数日前に母は病後の疲れで旅の宿に死んでしまったので、自分はただ一人となって、これから江戸へ帰るのであると聞いて、龍雄はこの少年を救って、米沢へ連れて帰り、その後明治になってから、龍雄が江戸へ出るときに、この子供を連れてきて、それから羽倉の遺族を捜し求めて、ようやく娘の所在が分かった。今まで膝下において様子を見ると、この少年にはやはり士魂《さむらいだましい》がある立派な気質であるから、羽倉の娘と夫婦にして、名も鋼一郎と改め、ここに羽倉の家は、無事に存続することになった。

このような兵馬倥偬《へいばこうそう》（戦争のためにいそがしく落ち着かないこと）の間にあっても、龍雄が細かいことにまで意を留めて、死んだ友人のために尽くしたというところに、龍雄の情義の厚い点があらわれている。死んだ羽倉も、墓の下で喜んでいることであろう。

6　思いがけぬ米沢藩の降伏

龍雄が、会津に引き返したのは八月のことで、このときは会津藩の籠城戦も危うくなっていたのだ。もし、会津藩が敗北すれば、奥羽の連合はいよいよ敗れることになるのだから、一刻も早く会津城を救う必要がある、という考えで龍雄は昼夜兼行で米沢へ駆けつけた。藩主を説いて、会津藩を助けるために兵を出させるつもりであったのだが、米沢へ帰ってきてみると、意外千万にも、すでに上杉家は官軍へ降参したあとであった。これを聞いた龍雄は、今は後の祭りでどうすることもできない、ただ天を仰いで嘆息するばかりであった。しかしながら、米沢藩は官軍へ降伏すると同時に、領土奉還の議を決して、官軍へ申し込むという内相談があることが分かって、龍雄はますます憤慨に堪えず、藩の重役を歴訪して反対意見を披瀝した。その熱誠に動かされて、ついに藩主から龍雄に領土奉還に対する意見を徴することになり、龍雄はここに筆を揮《ふる》って、その意見を認《したた》めることになった。

しかしながら藩の議は、いつの間にか奉還に決してしまった。龍雄はこれを聞くと、ほとんど発狂せんばかりに激して、河村右馬允の家へ駆け込んできて、

「河村おったか」

と叫びながら、座敷へ飛び込んだ。折から、火鉢に手をかざして座っていた河村は立ち上がりながら、

「おー雲井か」

と言って席へ着かせようとすると、突然前にあった火鉢を取って、パッと投げたから堪《たま》らない、灰神楽《はいかぐら》が立って火は散乱する。河村もその暴状には、しばらく呆《あき》れて言葉も出ずにいたが、やがて龍雄に向かって、

「貴公は何という乱暴をするのか、いかに懇親の間でも、多少の礼儀はわきまえてもらわなければ困る」

と、叱るように言ったが、龍雄はその灰や火の散乱している中に、どっかり座ったまま、声をあげて泣いている。どう見ても気が狂ったとしか思えない。そのうちに河村は、龍雄の手を取って、無理やり別室へ引き入れ、

その次第を尋ねると、龍雄は、

「官軍へ降伏したことの不都合から、このたびの領土奉還について、自分へ意見を求められたから、赤誠《せきせい》をもって認《したた》めた意見書を差し出してあるにもかかわらず、自分へは一応の沙汰《さた》もなく、奉還の藩論を決したのは、はなはだもってけしからん、こうなった以上、幾百年連綿として続いてきた上杉の領土は、一塊の土も残らないことになったのだから、泣くまいとしても涙が溢《あふ》れてくる次第である」

と言って、またさめざめと泣き出す、よく聞いてみれば条理も立っているし、気が狂っているのでもない。ただ慷慨悲憤《こうがいひふん》のあまり、この狂態に出たということが分かって、河村もついには雲井に同情して、共に手を取って泣いた、ということである。

7　藩校「興譲館」の講師となる

時弊に憤慨し、権勢に反抗する者が、その説の行われないために、ややもすれば狂態を演じることのあるのは、往々その実例のあることで、ただ龍雄一人のみではない。唯一の希望にしていた奥羽連盟も既に破れ、会津城は官軍の手に渡って、今はわずかに箱館の五稜郭に佐幕の残党が立て籠もっているばかりである。心憎く思っている薩長二藩は、ますます勢いに乗って、横暴を極める。それを見るにつけても、龍雄は憤慨の情に堪えないのである。

歳はまだ若いが、学殖も深く、一見識も持っている人物だということは、藩の先輩もこれを知っていたので、このままに浪人同様の生活をさせていたら、どの方角に曲がっていくか分からない。もし、無法なことでも企てられては、藩の迷惑は言うまでもなく、今少し老熟したならば、藩を背負って立つほどの前途有望な壮年を、空しく梟木の上に曝すのは、残念な次第である。何とかして龍雄を救い上げる工夫をしよう、という相談が寄り寄りに起こり、藩の費用をもって立てられた興譲館という学校があるので、これへ龍雄を迎えて、講師にしようという議が決まって、早速《さっそく》本人を呼んで相談してみると、龍雄も進んでその任を引き受けると答えた。

そこですぐに興譲館へ出張して、多くの生徒を前に、経書の講義をすることになった。いかに学問があるとしても、今までの調子が、やや狂的であったために、早くから講師をしている老成の人には、まだ生若い小僧のようにも見える。生徒の方から見ても、何だか物足りないような気がして、果ては講義の席に、難しい問題を放って、龍雄を苦しめてやろうと、ひそかに相談をして持ち回る悪戯者もあった。

今の学校に出入りする青年は、まことに大人しいもので、昔の私塾制度の時代の青年に比べれば、こんなにも違うのかと思われるほどに、強い者に向かってはおとなしい者ばかりの勢揃いになったのは、時代の関係もあろうが、とにかく教育の方針がそういう風に青年を導いていくのであろう。特に、各藩の藩校に出入りする青年の意気込みは実に偉いもので、講師であろうが、上長の人であろうが、一度気に入らないとなれば、すぐに腕まくりで押しかける元気もあって、時には先輩や長老を袋叩きにすることも、往々にしてあったものだ。何しろ、

「上杉藩の武士である」

という気概があって、向こう意気の強い連中は、

「何の、龍雄ごとき小僧が」

と、意気込んで向かっていく。それを相手に龍雄はどんな難問に向かっても、少しの渋滞なく、応答は流れるようであった。時と場合によっては、腕力をもって向かってくる者があっても、さらに辞退せずすぐに対抗してい

くという、その男らしい態度が、何時《いつ》しか知らず、館生一同を敬服させてしまって、果ては老成の先輩までが、龍雄を許してその説を容認するようになった。

龍雄が、あたかも火のごとき熱烈の気持ちをおさえて、学校の講師になったのは深い考えがあったからだ。藩主の左右にいる者に腰抜けが多かったために、ろくな戦いもせずに、薩長の陣門に降伏を請うような醜態を演じたのだが、藩士の子弟には、なおかつ談ずるに足る意気を持っている青年も多くあるであろう。今しばらくの間、節を屈し気を矯《た》めて、これらの青年を相手に、自分の意見を追い追いに吹き込んでいったならば、あるいは藩の青年が中堅となって、再び奥羽諸藩の連盟を図ることもできようと、こういう考えを持って、快く講師になることを承知したのであるから、強い者にはあくまでも強く、弱い者にはどこまでも優しく、相手次第で剛柔いずれとも変化をして、巧みに青年を手懐《てなず》けていたのである。

龍雄が、興譲館にその翼を収めているうちに、新政府の組織はだんだん進んでいって、帝都はいつか江戸に移され、東京と改称することになった。薩長の二藩が中心となって、この革命をなしとげたのであるから、どうしても政府の実権は、この二藩から出た人に握られるのは、自然のなりゆきで止むことを得ないが、しかし、他藩の人から見れば、いかにも妬《ねた》ましく思われてならない。特に人間というものは、まことにわがままな性質を持っているから、幕府を倒して新政府を起こすまでの間には、それぞれ隠忍持久《いんにんじきゅう》して、他藩の説も容れたり、努めて公平な態度をとったであろうが、いよいよ天下を統一して実権が自分の手に帰するとなれば、どうしてもわがままな振る舞いが始まるのは、人間の弱点で止むことを得ない。薩長の二藩においても、やはりその傾きがあったから、他藩の人から見れば、不平の起こるのも無理はないのである。

東京から帰ってくる藩士の中には、よく新政府の内情を知っている者もあるし、また一般の社会の状態をよく究めている者もある。それらについて、龍雄がだんだんとその真相を確かめることもできるし、また東京の同志からしばしばの来信によって、薩長二藩がどういうことをしているのか、またその他の藩がこの二藩に対して、どの程度まで不平を抱いているか、ということの一斑は、刻々に分かってくるので、ここにおいて龍雄は考えた。

「今天下の大勢は、一時の勢いに駆られて、ここに落ちついたけれど、まだ薩長二藩によって、天下を治め得るという見込みはついていない。もし、諸藩の志士に腰の強い者があって、十分に踏ん張ってかかったならば、この二藩の勢力を殺《そ》いで、もう一度、面白い天下を作ることができないとも言えない。現時点で不平を抱いている諸藩の志士を糾合して、東西各所に同志の者が相応じてことをあげれば、必ず目的を遂げられるに違いない」

と、密かにその計画を立てはじめた。折から、幸いにも藩命によって上京を命じられたから、龍雄は小躍りして喜んだ。

8 密談場所——船宿稲屋

東京の藩邸にいて、だんだん新政府の内部を探ってみると、米沢に居て聞いたよりは、面倒な状態になっていて、自分がかねて計画した薩長二藩の間に離間を行うまでもなく、そのことは今や実現されて、二藩の間には盛んに暗闘が始まって、ことあるごとに相排斥しているありさまであった。これはかねて龍雄の望んでいたことであって、どうしてもこの二藩の暗闘が長く続いて、しかもそれが激しくなってこなければ、自分たちの目的を達することはできないのだから、その点については龍雄は、努めて二藩の軋轢《あつれき》の激しくなるように、骨を折っていたのである。

数寄屋橋の外に、稲屋という船宿があって、主人はおよしという婦人で、生粋《きっすい》の江戸っ子であった。藩の用人《ようにん》森三郎がしきりにこの稲屋へ行っては酒を飲む。たいがいの客接待は稲屋の一室でするようにしていたのだ。今では船宿の数も少なくなって、東京中探しても十軒とはあるまいが、昔は今の待合いの代わりに船宿があって、諸藩の用人や町家の金持ちなどは多く船宿の二階で、人知れず金札《かねびら》を切って、粋な遊びもすれば、また綺麗な家根船に乗って、隅田川の清流に乙《おつ》な愉快を尽くしたものだ。その世話をするのが船宿の家業になっていて、昔のことにしてみれば、なかなか安い金ではできなかったから、少し贅沢な人はたいがい船宿の手によって遊んだものだ。

つまり言えば、今の待合いと同じようなことをするのではあったけれど、今ほどに露骨に汚いものではなかった。どこの馬の骨か分からない者が飛び込んできて、十円紙幣の二、三枚も振り回せばすぐに相方《あいかた》もできるし、隣り座敷を覗いて見ると、もう女の膝に枕して落花狼藉《らっかろうぜき》のありさまというような、そんな馬鹿げたことは昔の船宿にはなかったものだ。だから旧式を守っている船宿はだんだん凋落《ちょうらく》していって、今では船宿の看板をかけていても、実際においては舟遊びをするような人もなく、やはり一般の待ち受けと同じようなやり方をして、わずかに船宿の名義が残っているにすぎないのである。龍雄はある日、用人の森に案内されて、稲屋へ来て遊んだ。

そのときに主人のおよしも出てきて、森に挨拶する、森は静かに龍雄をかえりみて、

「この者が、かねて話した当家の主人。女でこそあれ、なかなか利《き》かん気の、真に江戸っ子の魂を備えた、立派な女じゃ。この上ともよろしく贔屓《ひいき》にしてやって下さい」

と言われて、龍雄は笑いながら、

「かねて噂は聞いていた。お前の評判はなかなかよいから、ずいぶん家業を励むがよい」

森の紹介も事々しかったが、龍雄の答えがあまりに真面目であったから、客扱いに慣れている、こういう家の

主人でも、何となく恥ずかしいような気がして、およしはすぐには返答もできなかった。そのうちに馴染みの芸者もやってくる。酒肴の用意もできて、その晩は大いに酔って藩邸へ帰ってきた。

それから龍雄は、しばしば稲屋へ行くうちに、主人のおよしの気性を見込んで、ひどく贔屓にして、真の同志に対面する時は、多くこの稲屋を使っていたのだ。その後、間もなく火事のために稲屋は全焼し、ふたたび元の通りに普請する力もなく、いくら強いようでも女の身でおよしはすっかり力を落として考え込んでいた。その立ち退き先へ龍雄がぶらりとやって来て、

「どうじゃ、およし……」

「おや、これは雲井の旦那様でございますか」

「うむ、ひどい目に遭ったな」

「本当にこんなひどいめに遭ったことはございません、箸も持たない乞食ということを昔から申しますが、本当にそうなんですよ」

「全焼《まるやけ》か」

「そうでございます。火事だと言われて、目が覚めてみたら、もうお尻のところへ火がつきそうになっていたのですから、夢中になって寝間着一貫で飛び出したのですから、どうにもこうにも方法がつかないのでございます」

「ふうむ、ずいぶんひどく焼け出されたとは聞いたが、それほどとは思わなかった。それは定めし困ったであろう。しかし、以前のところへ普請をするのか、どうするつもりじゃ」

「ご親切に有り難う存じます。今のところではその普請のあてもないのでございます。どうしたものかと、考

えているところでございます」

「今までの贔屓にしてくれた客先を歩いても、金くらいはどうかなろう。さあこういうときには、思い切った奮発をするに限る。人間というものは、落ち目になったときに勇気を出さなければ、人間の値打ちはないのじゃ。しかしいくら力んだところで、金が本《もと》なのであるから、まあそう力を落とさずと、ちょっ奔走してみたらよかろう。拙者も多少寄進するつもりだから、ぜひ再建の支度にかかったらどうじゃ」

「はい、ありがとうございます、長い御懇意でもありませんのに、そんな御親切なことをおっしゃられると、何だか嬉しくて、涙が先にばかり立ちます」

強い気の女は、またこうなると涙もろいものか、龍雄の言ってくれたことが、いかにも親切だと感じて、およしは泣いている。やがて龍雄は、財布の中から取り出した五十両、紙に包んで、

「さあ、貧乏武士の拙者が、これだけ寄進をするのだ。あとは今までの懇意の客に貢《みつ》いでもらえ」

「いえ、旦那のように昨今の御客に、そういうお情けに与っては、私の心が済みませんから、その御親切だけはいただいておきますが、これだけは御辞退を申し上げまする」

「いや、そう他人行儀にせずと、まあ取って置きなさい」

およしがしきりに辞退するのを、無理やり押しつけるようにして、龍雄は帰ってしまった。およしは押しいただいて、紙包みを開いてみれば金五十両、その時分の五十両であるから、およしは龍雄の親切につくづく感心して、また嬉し涙に暮れた。

それから幾日かの後に、およしから音信があって、

「旦那の御親切に力を得て、そこここと駆け歩いた末、どうにかこうにか、普請の金もまとまることになって、

元のところへ家を建てるようになりましたから、御安心下さいませ」と知らせてきた。そこで龍雄は二、三日すると見舞いに行って、また百両包みをひとつ、投げ出すようにして帰ってきた。龍雄も有り余る身代《しんだい》の人ではない。しかしながらこれから先、さまざまな人物を味方に引き入れるために、どこか秘密の保てる家を一軒定めておく必要がある。およしの気性を見込んで、龍雄はこの際に、それとなく恩を着せて、いよいよ建築のなった稲屋の二階の一室を、自分の秘密の座敷に使う計画であった。何でもないようなことだが、龍雄の用意はここまで行き渡っていたのである。

稲屋へ連れて行く者は、深い秘密に立ち入って相談のできる、早く言えば幹部に入るべき人物ばかりで、一般の者は芝二本榎の上行寺と円心寺の二ヵ所に決めてある。その時代に多くの人を集めるには、正しい名義がないと政府の干渉が起きてくる。また集まってくる者は、どうせ諸藩の浪人か、たとえ武門に生まれないまでも、大きい希望を持った者ばかりであるから、いかに秘密にしても人の目につく。したがって龍雄の苦心はまた一通りではなかった。政府が最も恐れているのは、諸藩の浪人や先般来の戦争に敗れて脱走した輩が、何かの名義で集まってきて愚民を煽動《せんどう》されるのが、一番に恐ろしかったのである。

幕府を倒して新政府はできたが、まだ二年あまりの月日を経たばかりで、天下の人心は、まったく新政府に帰属している、という次第でもなく、さればとて、朝廷の威光に心から恐れ入っているのでもない。どちらかといえば、まだ封建政治の夢を見ている者が多いのだから、それらの連中が集まって、一気にことを起こすようなことがあれば、あるいは成功するかも知れない。時の勢いでここまでは押しつけてきたけれど、新政府の基礎といっても、まったく確立しているのではない、その鎮撫方《ちんぶがた》についての苦心は政府においても一通りではなかった。

その事情をよく知り抜いている龍雄は、多くの同志を集めるについて、表面は「帰順部曲点検所」の看板を掲げて、脱兵の鎮撫をすると称していたのである。

政府の役人もまるで、この計画を正直に見ていたわけでもなかろうが、とにかく、表面にあらわれている趣意《しゅい》は悪くないのであるから、強いてこれを押しつぶすこともできず、しばらくその様子を見ていたのだ。ところが、地方の騒動が鎮まるに連れて、だんだんと脱走した浪人が集まってくる。どうせ多くの人であるから、その中にはいかがわしい人物も交じっていたには違いないが、なるべく人を選んで、同盟の列に加えるようにしていたので、割合に無頼の徒はなかったのである。もっとも、龍雄がきわめて厳格な取り締まりをしているから、同志の間の風紀は十分に保たれていた。同盟の一人が、武士にあるまじき振る舞いをしたので、龍雄は厳重に詰責《きっせき》して将来を戒めた。その詰責がいかにも峻厳《しゅんげん》を極めたために、本人は深く恥じ入って切腹してしまった。龍雄の取り締まりは、このように厳格であったから、ややもすれば起こり勝ちの掠奪《りゃくだつ》などは絶えてなかった。その代わり寄宿している者は多く、出入りする者も数え難いほどであったから、平生《へいぜい》の費用も容易なことではなく、その金算段をするだけでも、龍雄の骨折りは一通りではなかった。時によると、寝食を廃して、二日も三日も、金の工面で飛び歩くようなことがあった。

9　集議院の寄宿生になる

新政府が最も苦心したのは、いかにして天下の人心を収攬《しゅうらん》するかという点にあった。そうであればこそ布告に次ぐ布告をして、何事にも公平を主として、政治は公議輿論に依るということを繰り返して、明解に告げている。したがって、その趣意に適《かな》ったことは、実際に行ってみせる必要があって、まず集議院というものが起こったのである。各藩の俊才を藩主に選ばせて、政府へ届けを出すと、改めて政府から集議院へ入れて、政治向きの評議をさせることにしたのであるから、ちょうど、今の衆議院のようなものであった。ただ少し異なるところをいえば、今の衆議院は、一般の国民からその代表者を選ぶのであるが、昔の集議院は、各藩の士族にのみ限られていたのであって、そこが少し違っていたけれど、まず大体においては、公議輿論に依って政治を執るの趣意が、まさに実行されんとしたのである。

集議院の幹事に、稲津渉《わたる》という人がいた。早くから龍雄の人となりをよく知っていて、特に昨今の龍雄がしきりに各地の不平連を集めて、何事か画策しているように思われてしかたがない。もし、その奇才を十分に振るわせたならば、たしかに有為の人材であると深く信じ、今のうちにその不平を忘れさせて、天下のことに携わらせた方が、かえって龍雄のためにもよいという考えを持って、ある日のこと、龍雄を呼んで、だんだんと懇談したが、ついに龍雄もその好意にしたがって集議院へ入ることになった。以前に米沢藩の貢士《こうし》として京都へ行ったことはあるが、今はその資格はないので寄宿生という名目の下に稲津に付いて働くことになったのである。集議院において議すべき問題の、趣意書や原案のようなものは、稲津の手に一度は渡ることになっているので、龍雄は一々その相談に与《あずか》っていたのだ。

しかるに、この方面にも薩長二藩の者は、多く集まっていたのだから、今度、米沢の雲井龍雄が寄宿生として、入り込んできたことを聞くと、すこぶる不快の感を抱いた者も多かった、奥羽征伐の時分に、龍雄は薩藩を呼ぶに賊をもってして、公然と己の名を表して、その檄文を飛ばしたことさえあって、しかも、長州藩との離間を企て時山直八を説いたことも聞いているので、以上のことから、龍雄が集議院へ入ったのは、はなはだけしからんことであるといって、盛んに攻撃を始める者が出てきた。稲津は自分が推薦したのであるし、またそういう批評を龍雄に加えさせては、自分が強いて集議院へ引き込んだ趣意にも違うのであるから、必死になって防いだけれど、容易にその攻撃は止まなかった。千里を焼く火でも、なお消防の手は届くが、人の口には戸が立てられない譬えの通り、初めは陰口であったのが、終《しま》いには龍雄に向かって、皮肉な嘲りを加えるようになってきた。このような場合でも、負けん気の龍雄は容易に屈してはいない。

「薩長の末輩が、予を目《もく》するに賊《ぞく》をもってするが、それは何の賊であるか。由来、賊名は天下の回り持ちである。現に長州藩は文久の昔に、一度賊となったではないか。薩藩もまた一度は賊をもって目されたことがある。しかしながら幸いにして、勝者の地位に立ったために、今日では他を目するに賊をもってしている。予は一身のことを忘れ、真に天下のために義憤している者である。しかしながら彼らが、予に向かって賊名を附するというに至っては、はなはだもってけしからん」

と言って、しきりに薩長二藩に攻撃を加える。さあそうなっては、二藩の人も黙っていない。これから互いに舌戦を始めるようなわけで、稲津が仲裁の労も何の効もなく、龍雄はとうとう癇癪を起こして、集議院を飛び出してしまった。

10　新政府樹立計画――幹部五十名と連判状三千名

こういう事情で集議院を退いた龍雄の不平は、日に日にますます嵩《こう》ずるばかりであった。せっかく稲津渉が龍雄の前途を思って、その不平を慰藉《いしゃ》しようとしたのもついに空《むな》しくなって、かえって龍雄の不平を深くさせたのは、まことに遺憾千万である。もっとも、虎の威を借る群小のために、こういう圧迫を受けないでも、薩長二藩が全権を握っている政府には、とても服従できる人物ではなかったのだ。いずれにしても畳の上で穏やかに往生を遂げられないように、生まれたときから定まっていたのだろう。

龍雄の不平は一層激しくなってくる、しかも同志の人々からはしきりに迫られる。その上に政府の注意はだんだんと厳重になっていくので、龍雄たちも深い決心を持って、いよいよ挙兵の準備を急ぐようになった。真に幹部とも称すべきは、五十人弱の人であったが、連判状の上に名前を連ねた者は、三千名以上であった。これだけの者が結束して、決死の活動を始めれば、容易ならぬ事変を引き起こすのはいうまでもない。日光山には原直資、庚申山には大忍坊、奥羽方面には北村正機、東海道には三木勝、甲府には城野至、それぞれ受け持ちの方面を定めて、各地で同時に蜂起し、薩長の横暴を糾弾して、新政府の樹立を計画したのであった。

しかし、その表面においてはあくまでも、封建政治の復活を唱え、徳川の再起を図るということにしてあったのだ。当時の情勢から言えば、こういう旗印の下に立つのが、人を集める上においても、また一般の同情を博する上においても、最も得策であると認めたからで、龍雄の心底は、封建回復なぞという、小さいところはなかったのだけれど、ことさらにこういう主張の下に、挙兵の準備に着手したのである。各方面には、それぞれに受け持ちの者があって、別々にことを起こすのだが、龍雄はやはり東京にいて各地との連絡を固くし、互いに消息を通じるその中堅となるべく、二本榎の本部に控えていることになっていたのだ。

挙兵のことが決したのは、明治三年の六月であった。

計画はここまで進んだけれど、多くの同志の中には薄志弱行の徒も幾分はあった。何分にも金がなくての計画であるから、考えたことも思うように届かず、その準備もはかばかしく進まないので、多少は嫌気の差したものもあって、いつしか計画の大体が政府の方へ漏れることになった。

11　雲井龍雄を上杉藩邸に軟禁

初めから最も危険な人物として、注意していた雲井龍雄が中心となってすることである。その計画の一端を聞き込んだ時は、政府の方でもなかなかに狼狽《ろうばい》して、密かに手を回して、その秘密を探ってみると、今までに聞き込んだ以上の計画が、すでに熟している模様であったから、これは一刻も早く龍雄を押さえなければ、どんな騒動になるかも知れない、ということになって、まず龍雄の取り押さえ方を決した。しかし、同志の数が幾千の多きに上っていることでもあるし、各藩へも多少の関係はもっているので、今にわかに龍雄を謀反人《むほんにん》として取り押さえて、万一にも、それが動機となって、一時に爆発するようなことがあっては、それこそ一大事であるから、とりあえず龍雄をそれとなく押さえつけて、手足の動かないようにしておいて、それからおもむろに、全体の者へ手をつけることにしようと決して、五月十三日に太政官から、米沢藩へ下した命令はこうである。

「雲井龍雄儀、その藩へ御預け仰付候《おうせつけられそうろう》に付、至急藩地へ引き取り、厳重取り締まり致すべく候事」

藩の方でも、こういう命令を受けては、いまさらに猶予《ゆうよ》はならず、龍雄は二本榎から引き揚げられて、藩邸の一室に押し込められることになった。このことが早くも同志の間に知れると、その騒ぎは一通りではなく、特に城野至は、龍雄が連れて行かれる所へ訪ねて来て、その終始を聞いたから、すぐに藩邸へ押しかけていって、用人の森三郎に面会して、その不都合を詰責した。森も龍雄に対しては同情者の一人であったから、強いてこうはしたくはないのだが、政府の命令であってみれば、否応《いやおう》は言えず、よんどころなくやったことである。城野が顔色を変えて、厳重な談判を始めた時には、森もほとんど言葉に窮して、弁解の仕様もなかった。

「たとえ、政府がどういう命令を下そうとも、上杉家にはまた上杉家としての意見がなければならないはずである。いかに大勢に押しつけられて、動きの取れない場合になったとはいえ、大切な藩臣が、理由なく罪人の扱いを受けることに対して、一言も抗弁することができないというのは、上杉の名家も藩主にその人を得なければ、ここまでに哀れなものになるかと思うと、上杉家に関係のない者ではあるけれども、いかにも情けなく存ずる。足下は現に上杉家の用人として、重要な職に就《つ》いていられる以上、それらの道理を分からないはずはない。龍雄を禁錮するにしても、あらかじめ政府に対して、その理由を詰問するだけの手続きは尽くさなければならないと思うが、ただ今承《うけたまわ》るところに依れば、さらにそういう様子もないようでござるが、全体、上杉家は将来もまたこのような不甲斐ない態度で、日を送る所存であるか。あまりのことに気も激していれば、ただ今まで申し述べた言葉に礼を欠いた点があるかも知れないが、この一事は拙者が赤心《せきしん》をもって申すのであるから、深く心して御聞き取りを願いたい」

「いや、足下の仰せられることはよく解《わか》っている。その御誠意に対して、三郎はただ感謝をする外にはないのであるが、何分にも政府の命令とあっては拒みようもなく、ことのここに至ったについては深く御諒察を願いたい」

「よろしい、そういう弱音を吐いて、この大切なることを済まそうとするならば、それでもよろしいが、せめては雲井に面会をさせてもらいたい」

「それはまことに迷惑千万、同人は既に政府の命令によって、藩において御預かり申した以上、たとえ藩士と雖《いえど》も、われらの自由には相成らん。いずれ面会を御許しする時節もござろうから、まずこの場合は一時御引き取りを願いたい」

「たとえ何と仰せられても、雲井氏に一度面会を致さない限りは、この場を一寸も動かない」と強情を張って、容易に動きそうにもない。これには森もほとんど持て余して、よんどころなくこの旨を通じると、龍雄は、

「ただ今は城野一人が参って、難しいことを言っているのであろうが、これが長引くと多くの人が、城野と同じように押しかけてきて、だんだんことが面倒になるから、とにかく、拙者が城野へ事情を尽くして、この場を引き取ってもらうことにしたい。なお同志の者が同様の振る舞いをしないように、城野から同志へ告げてもらいたいと思うから、ぜひ面会をさせて下さるよう、御取り計らいを願い上げる」

龍雄の希望がここにあり、城野の強情があの通りでは、とても致し方ないから、それでは会わせようということになって、もし後日に政府からお咎《とが》めがあったら、森がその責任を負う約束で、いよいよ城野と雲井を対面させることになった。

こういう事情で、龍雄は城野に面会したが、平常の激しい気性にも似ず、何と考えたか、このときは極めて穏やかに、

「足下らが拙者の一身について、それまでに御苦労下さるのは、何とも御礼の申しようもないが、ことここに至ってはもはや致し方ない。何事も天命に任せ、しばらく隠忍して、政府がどういう処罰を加えるか、それを待ち受けてみようと存ずる。今の場合にかれこれ、政府の命令に反抗するようなことを致せば、その咎めは延《ひ》いて上杉家に及ぶのであるから、この一事は拙者家臣の身として、如何とも忍び難いことでござるによって、なにとぞこの場は無事に御引き取り下された上、なお同志の方々へは同様御伝言を願いたいのでござる」

情理を分けた龍雄の一言には、城野も返す言葉がなく、一時その場を引き揚げたので、用人の森もようやく胸

を撫で下ろした。

上杉家を出た城野は、その足ですぐに例の稲屋へやって来ると、この家には幹部の連中が二、三十人集まって、しきりに騒いでいる。もう龍雄が藩邸へ押し込められたことは分かっているのであるから、それについての協議を凝らしていたのだ。そこへ、城野が飛び込んできて、今までの顚末を物語ったから、さあ議論は一時に沸騰して、実に凄まじいありさまになった。増岡憲吉のような者は、顔色を変えて戸外へ駆け出そうとする、それを一同が押さえつけて、その理由を尋ねると、

「政府があくまでもこのような処置をする以上は、われわれにおいても相当の覚悟をしなければならない。それについては米沢藩の藩邸へ乗り込んで、雲井氏を取り戻して、ことの成否はしばらく措《お》き、とにかく、かねての計画通りにことを起こしてしまおう、という考えでござる」

と言って、息巻くのを一同が、

「まああお待ちなさい、どうしてもそういう手段に出なければならない場合には、一同においても辞退は仕らぬ、必ず御身と同行いたすから、今少しく評議を凝《こ》らすことに致して下され」

ようやくに増岡を押さえて、元の席へ復させた。こんなことで二日あまりをごたごたのうちにすごした。政府には種々のことが聞こえるので、事態穏やかならずと見て、にわかに龍雄を米沢へ檻送すべき命令を下した。

12　米沢の座敷牢から東京へ護送される

龍雄は、米沢へ護送されることになったが、この時分から痼疾《こしつ》（持病《じびょう》）がだんだんと重くなってきて、道中筋も一方ならず困難を極めたということである。けれども、気の勝っている龍雄は、少しも病気負けをせずに、あ

くまでも平静を装って、護送の役人にもあまり手数はかけなかった。その我慢をしている苦痛は、心ある役人の目には分かるので、かえって厚い同情を受けて、役人の取り扱いは非常によかった。長い道中に大した変わりはなく、日を重ねて米沢の城下へ着いて、これから座敷牢の中に起き臥しするようになった。

すでに首領の龍雄がこういうことになったのであるから、残る連中はただでさえ血気の輩《やから》が多く、もはやことここに及んでは最後の一活動をする外はないということになって、それぞれに手分けをして遊説を始める。挙兵の準備は着々に進んで、特に庚申山の大忍坊の活動は、実に目覚ましいものであった。増岡は専ら中央にいて、雲井の名代として、各方面との連絡を取り、大体の準備はだいぶ進んで行った。ところが、政府は常に密偵を放って、この一党の挙動には注意していたのであるから、たちまちにしてその秘密は、政府の方へ手に取るように分かってくる。ここにおいて、いよいよ大網を打ち被せて、一同を逮捕する手筈《てはず》になったのである。同時に、米沢藩へ命令を下して、龍雄を東京に還送すべきことを命じた。

当時、龍雄は痼疾《こしつ》の肺患いがだんだんと重くなってきて、床についたまま思うように起き臥しもできなかったのである。そこへ政府の命令とあって上京することになったのであるから、たいがいなものならば、病気のために猶予を請うべきはずであるが、気性の勝れている龍雄は、このような場合にも、そんな卑怯《ひきょう》なことは言わず、快く御受けはしたが、何しろ病気が重いので、本人よりも周囲のものが気遣われてならない。ことに龍雄には、多くの同情者があったのだから、それらの人がいろいろに心配して、上京を延期させようとしたけれど、それは周旋《しゅうせん》の効がなかった。例の河村右馬允が、突然龍雄を訪ねて、

「いよいよ足下は、東京へ護送されることに相成るのであるが、今の身体では道中の程も覚束ない。万一にも病気に障《さわ》らず上京し得ると致しても、その後のことが案じられてならないから、何事も拙者が心得ているによっ

て、一時いずれかへ身を隠すことに致したらどうであろうか」

龍雄は河村の手を取って、

「その御親切は千万かたじけないが、もし一身の安全を図るために、そのような振る舞いを致したことが、主家へ累を及ぼすようなことに相成っては、不忠の至りであるから、この上は潔く上京致すことに仕る」

「足下の潔白な心から考えたら、そうでもござろうが、後々のことは拙者が御引き受けいたして、たとえ政府からお咎めがあろうとも、主家へ累は及ぼさせない覚悟でござる。もしことが面倒になった時は、拙者が一身に引き受けて、解決は付けるつもりであるから、一時いずれかへ立ち退かれた方がよかろうと存ずる」

河村は、これを龍雄に説く前に、十分の覚悟はあってきたのであろうが、龍雄は自分の身の安泰《あんたい》を図るために、河村へその累を及ぼすには忍びなかった。

「せっかくの御厚情ではあれど、この儀は平に御辞退申す」

互いに義理を立てての争いであったが、河村もついには龍雄の決心の動かし難きを知って、涙ながらに東京へ護送することに決めたのである。

時に、明治三年の八月十四日、東京へ着くと、すぐに龍雄はその筋の下調べを受けて、それから伝馬町の牢へ送られ、こうして同志の者は、追い追いに捕縛される。訊問《じんもん》はますます峻厳《しゅんげん》を極めて、いよいよ一同は謀反の罪に問われた。十二月二十八日に処刑が決まると同時に龍雄は伝馬町の牢内において斬られ、さらに小塚原の刑場へその首が晒《さら》された。行年はわずかに二十七歳。そのほか原直鉄、大忍坊はじめ七名の者も死罪になる。原の歳は二十三で、大忍坊が二十五。いずれも血気の壮年で、何事をするにもこれからという年頃、その他流刑に処せられた者は五十八人であった。

政府の、この連中に対する憎悪はよほどひどく、一時は後の祀りさえも許さないくらいであった。回向院の住職が、なかなか義気に富んだ人であって、わずかに龍雄の死骸だけは、吉田松陰の墓側に葬って、それとなく忌日ごとの回向をしていた、ということであるが、明治十四年になって、谷中の天王寺へ改葬されて、今では同所に墓が建てられている。

十　廃藩置県の断行

1　西郷隆盛の最初の辞職

西郷隆盛、木戸孝允、大久保利通の三傑が、廃藩置県のことを断行した顚末を述べるについて、まず西郷の進退に関する、二、三のことを述べておく必要がある。

王政維新の大業が成立して、新政府の基礎がようやく固まった時に、西郷は辞職を申し出たのである。表面の理由としては、

「王政復古のことも緒《ちょ》につき、新政府の基礎もすでに固くなった以上、自分が御奉公の一分《いちぶん》はすでに尽くしたのであるから、この際において謹《つつし》んで職を退き、故郷に立ち帰って、後進子弟を大いに訓育《くんいく》して、他日の御奉公に備えることに致したい」

というのであったが、実は西郷にも幾分の不平はあったのである。賞典禄は千七百石を賜り、役は陸軍の大将で、位は正三位というのであるから、元来が名利の念に淡い西郷としては、そういう一身の利福については、何の不平もなかったのであるが、徳川幕府を倒して新政府を作った、その根本の意義において、新政府の為す所にはなはだ平《たい》らかならぬ点があって、それと言わず口実をつけて、西郷は政府を遠ざかろうとしたのである。大久保や木戸もしきりに引き止めるし、薩藩出身の輩下の者などは、泣いて諫《いさ》めたが、一度こう言い出した西郷はど

うしてもその決心を翻《ひるがえ》さずに、飽《あ》くまでも辞職を願って止《や》まなかった。ここにおいて朝廷よりも、再度の御引き止めはあったけれど、西郷はとうとう自分の決心通り、辞職を押し通してしまったのである。

西郷は頗《すこぶ》る偉大な人物であったが、政治家としては果たして完全な人だったかどうか、それは疑問である。廟堂の上に座って政治を塩梅《あんばい》していくことについては、あるいは大久保や木戸に及ばなかったのかも知れない。しかしながら、当時の国情からいえば、まだ太平の昔に帰ったものとは見ることは出来ないのである。その証拠には、全国いたる所にさまざまな名義を持って小さい暴動が間断なく起こっていたのだ。その言い分を聞けば、それぞれ異なった理由をもっているけれど、実は徳川幕府の回復を希望している者が、十のうち七、八を占めていたのであるから、政府としては容易に枕を高くして眠ることは出来なかった。このような場合に、西郷のような偉大な人物がいて、なお進んで人心を収攬《しゅうらん》するにあらざれば、容易に太平の実《じつ》を挙げることは出来ないということは、誰もが認めていたのである。

ひとたび西郷が東京を去って薩摩へ帰ったことが知れると、政府に反対の者は手を打って喜んだが、政府にいる者はこれを遺憾《いかん》として、西郷の復職の運動をする者が日を追って増えてくる。この際西郷が政府を去ったのは、一軒の家において最も大切な大黒柱が取り除かれたのと同じことで、政府の内部に多少の動揺は免《まぬが》れなかったのである。特に太政大臣の三条実美は、最も西郷を信頼していたので、しきりにその復職論を唱えていた。そのことは何時しか陛下のお耳にも入り、ついに西郷を召還することに決まったのである。

先帝陛下（明治天皇）の西郷に対する信用がどのように深かったかということは、今更言うまでもなく、たいがいは世間の人も知っているようだが、それについてこういう面白い逸話がある。

全体、西郷は初めのうちは極めて痩せ型の人であったが、文久三年（一八六三）の春、三度目の流罪になった。その流罪中にどういう訳《わけ》か、ムクムクと肥《ふと》ったのである。普通の人は島流しになって懲役同様の苦しみをしていれば、痩せるのが当然であるが、西郷はそういう苦労の中で逆に肥ったというのであるから、この人の胸中には自ずから長閑《のどか》なところがあって、どのような危険に遭遇しても、心の安静を保っていたに違いない。そののち罪が赦《ゆる》されて、再び京都に入り込んで盛んに活動を始めた。それからあとの西郷は日毎にますます肥るばかりで、いよいよ幕府が倒れて明治政府の発足した当時は、すでに二十七貫あったというのだから、まず普通の肥り方ではなかった。その頃から陛下の信頼が厚く非常にお気に入りであった。陛下は、西郷の肥満する様子が普通でないのを心配なさって、あるとき侍従に対して、

「西郷の肥満は容易ではない、昔からあまり肥満するものは、そのために悪い病気が出ると伝えられているから、西郷の身体を痩せるようにしてやりなさい」

という御沙汰が下った。そこで侍従はこれを医者の係に申し伝えたので、当時外国から雇われていた医者が、さっそく診察に行くことになった。その際に立ち会いを申し付けられたのが、いまの石黒忠悳である。さて診察が終わってこれから痩せさせるわけだが、その医者がよほどのやぶであったとみえて、遠慮なく西郷に下剤を飲ませた。そこで西郷は朝から晩までピーピーやっていて、外出することが出来ない。下剤のおかげで腹はペコペコになって腰はフラつくが、その割に痩せないのだから本人としてみれば、どれほどの苦痛だか分からない。けれども御前へ出ると、

「服薬を致しているか」

と御尋ねがある。まさか陛下に対して腹が下《くだ》って困ります、などと汚いことも申し上げられないから、

「有難く頂戴しております」

と答えて、御前は下がって来たが、さて下剤を飲めばろくに外出も出来ないのだから、表面は飲んだ風に装って実はそのまま薬は取っておいた、という逸話である。この一事によって見ても西郷へのご信任がいかに厚かったかということは、想像するにあまりがある。

2　隆盛の復職条件

したがって職を去って帰国しようとした時にも、陛下よりしきりに有難いお言葉を頂いたが、西郷は一旦思い立ったことであるから、ぜひ御聞届けを願いたいと言って、強いて御許しを願って帰国してしまったのだ。ところが、三条をはじめ多くの者から、しきりに西郷召還のことを奏請に及ぶので、ついに陛下もこれをお許しになって、岩倉具視を勅使《ちょくし》として、わざわざ鹿児島へ派遣させることになった。木戸、大久保の両人もその補佐として同行することになったのである。

さて、岩倉の一行は鹿児島へ到着したが、これから島津久光を立会人に置いて、岩倉から段々と西郷へ復職についての談判があった。ところが西郷はあくまでも辞退して、どうしても承知しようとしない。ここにおいて岩倉は、陛下の有難いお気持ちを伝えて、是非もう一度戻ってその職に就いてくれということを諭すと、西郷は暫く考えていたが、

「それほどまでの思し召しであれば、いま一度復職はすることに致しましょう。しかし、それについて私の希望がある。それは容《い》れてくれるでしょうな」

「どういうことか知らないが、一応聞いてみたい」

「別に難しいことではない、ただ徳川幕府を倒して王政復古にした、あの維新の時の精神を、いま少しはっきり一般の国民に示してもらいたいのじゃ」

これを聞くと、岩倉は不審の眉に皺を寄せて、

「王政復古の御趣意は、すでに明らかになっていると思うが、なおこの上に明らかにしろといわれるのは、どういうことをしろというのであるか、念のために聞いておきたい」

「われわれが徳川幕府を倒したのは、封建政治を廃して天下の人とともに、政治を執りたいというのであったが、今日の有様では薩長二藩と公卿の一部が何事も専断でやって、さらに他藩の人の意見を採用する方法が用いられていない。これでは封建政治を嫌ってそれと同じことを繰り返していると言われても申し訳が立たない。薩長二藩はよく連合して維新の大業は成したけれど、それはただ一事の勢いであって、かつ朝廷へ対する御奉公を尽くすには、こうしなければならないというので、一時の便宜から連合したのであるが、この力を新政府の上にまで及ぼして、何事も二藩だけでことを決めるのは、みるみる人心を失う原因にもなるだろうし、そういうことは私は好まないのだ。少なくても土州（土佐藩）とか肥前（佐賀藩）などの藩へも、多少の権力は分けて、もし出来ることならば、その他の藩にもそれぞれ権力を分けるようにして、だんだん天下の人と共に政治を執るように努めなければ、私が今度復職したところで何の効果もないのであるから、この一事だけは是非採用を願いたいが、どうであろうか」

さすがの岩倉も、これを聞いた時には、多少怪訝《けげん》な念を抱いたものとみえて、西郷の顔を凝視したきり答えなかった。しかし、西郷は薩摩藩閥から身を起こして維新の大業をいわゆる薩藩の名のもとに、あれだけに仕遂げ

たのであるが、それでも藩閥専横の弊を除いて、広く天下の人とともに政治を見たいということを主張したのは、実に立派なものである。もし西郷の何処が偉いかと言うなら、こういう点において公平な態度をもって、天下のことに接したというところであったと思う。

こういう事情から、ついに岩倉は西郷の説を入れて、朝廷の方は自分が尽力するから、是非その意味で帰って来てくれと言ったのであった。ここで西郷は再び職に復帰する決心をしたのである。これより先、岩倉が鹿児島へ入る時に、木戸と大久保は一足遅れて入って来たのだ。それはどういう事情からそうなったのかと言うと、ちょうどこの時に長州の萩で騒動が起こった。木戸はその前から変乱の兆しがあるという知らせを得ていたから、一行に先立って萩へ立ち寄り、騒ぐ連中の鎮撫にかかっていたのだ。ところが士の常職を解いて全国皆兵の主義を行うために徴兵令を施くという、それについての不平が嵩《こう》じてきて、奇兵隊以来の豪傑連が騒ぎ出したのであるから、容易にこの騒動が治まるわけはない。特に大楽源太郎や富永有隣というような、青年を煽動するのに最も妙を得ている連中が、先に立っての騒動であったから鎮撫に行った木戸も、一時は重囲の中に陥って自分の一身が危ないくらいであった。それを辛うじて免れて、暴動は兵力をもって鎮定することは出来たが、後の始末について非常に面倒が起こったので、どうしても鹿児島へ行くことが出来ない。そこへ大久保が乗り込んで来て、木戸の窮状を見て如何にも気の毒と思ったから、自分も暫く留まってその手伝いをしていたのだ。それから木戸と別れて、大久保は一人で鹿児島へ遅れて乗り込んで来た。その時、岩倉と西郷の押し問答の真最中であったので、大久保もその中間に立ってしきりに西郷を説いて、ついに復職させる運びにいたったのである。

岩倉が東京へ帰る時、大久保は同行したが、西郷はその後で出発して、途中、土佐の高知へ立ち寄って山内容堂に面会した。今度自分が復職することについて、岩倉との談判の大要を話したのち、

「こういう事情で、再び政府に入るについては、貴藩からも一人、その代表者を出してもらいたいが、どうだろうか」

これを聞くと容堂は非常に喜んで、

「もちろん、異存のあるわけはない、是非そういうことにしてもらいたい」

「それでは板垣退助を出してもらいたいが、どうだろうか」

「よろしい、承知した」

そこで板垣は、あとから上京することになって、西郷はひとまず東京へ出て来たのである。これが原因となって板垣は、参議の職について入閣したのだ。世間には征韓論で辞職したことはよく伝えているけれど、その前の辞職について、これだけの物語があることはあまり多く知られていないと思うので、ついでに述べておいたのである。

3　廃藩置県の難問

「廃藩置県」のことは、少し見識のある者ならば、誰でも考えていただろうが、さていよいよこれを実行する段階になると、容易に行われないことになってしまうのだ。それは第一にどこの藩主でも、この計画に同意をする者はなかろう。したがって、藩臣の中には極端に反対する者が多く、議論が具体化すると打ち消しの運動が起こる。いま朝廷の家来になって大臣とか参議とか、偉い位についている者でも、つい昨日までの地位をいえば、藩においてつまらない身分の者であった。それが一朝の風雲に乗じて現在の地位を得たのだから、藩主の目からは昔の足軽だったとか、軽輩だったとかいうことばかりが見えて、朝廷がその人々を重んじるほどに、藩主は重く視ていないのである。それには幾分の猜疑心も加わっていたに違いないが。とにかく、藩主と藩臣の関係がこのようになっていたから、廃藩置県の議論は容易にしても、これを実行することは非常に難しかったのである。

現に、西郷と大久保に対して、島津久光が難題を持ち掛けたことがある。それは西郷と大久保が、参議の職に昇って、あるいは正三位であるとか昨日までの身分に比べれは驚くほどの出世をした。たいがいの藩主ならばこれを見て喜ぶはずであるが、久光は非常に保守的の頑迷な人であったから、西郷や大久保がこの栄位を得るについて、自分に対して何等の挨拶もせずにお受けしたのは、

「君臣の礼を欠いたけしからぬ行為だ」

と言って、海江田信義に命じて、厳重に話を付けさせることにした。

「もし、両人が速やかに頭を下げなければ、その場において斬り捨てて来い」

という命令を下した。このことは早くも西郷と大久保に知れたので、海江田が上京して来てからも大久保はほど良いことを言って、なかなか要領を得た返事をせず、海江田を適当に対応していた。西郷は海江田に会ってかれこれ詰まらないことを聞かれるのを迷惑に思って、懇意にしていた勝海舟に海江田の説得を頼んだ。大久保はどこまでも真面目に海江田を相手に話をしていたが、西郷は勝を頼んで海江田を説諭させたところに、ちょっと面白味がある。勝はまたこういう頑固なわからず屋を相手にしているのが好きなので、喜んで引き受けて海江田を自宅へ呼んで、まずその上京の趣意を聞いたのである。

海江田は久光の伝えた命はこうである、自分の意見はこうである、と少しも隠さずに話してしまった。そこで勝は海江田に向かって、

「西郷や大久保が、主人よりも上の位につくのに、一応主人の命を聞かなかったというのは、昔流の理屈から

いえば幾分か手落ちの点もあるけれど、要するに今は王政復古で、もう昔の世界とは全く変わってしまっただけでなく、西郷や大久保もいまではいわゆる朝臣である。朝廷の家来を朝廷がどのように偉くしようと、それは朝廷の思し召しのことで、これにあれこれいえば朝廷に逆らうことになる。西郷や大久保がどんなに憎いからといっても、それは両人の一身上のことなら別だが、官職のことについての異議は朝廷に対して恐れ多いことになる。特にこういう異議を久光公が言われたのを君が黙って引き受けてくるというやり方はない。第一こういうことに君命だからといって奔走していると、他日になって君が西郷や大久保と同じような地位に昇ったときに、迷惑するだろうと思うから、マァ、何も言わずに帰国した方がよいと思う」

海江田という人はごく俗人で、名利の念に深い人であったから、勝がこう言って説得したのだ。海江田もよく考えてみれば、なるほど勝が言う通り自分が正三位になった時に困るかもしれないから、こんなことは適当にして帰った方が良いという気になって、西郷や大久保への談判はほどほどにして帰国した、という珍談が伝えられているが、この場の逸話をもって当時の藩主と藩臣の間に、容易ならない溝が出来たということは想像が出来るのである。

しかしながら、こういう詰まらない事情のために、いつまでも廃藩置県のことを行わずにいれば、中央と地方との連絡が少しも取れないで、昔の封建政治よりも質の悪いことになるのだから、この点については心ある者は非常に心配していたのである。各藩にはそれぞれ異なった事情があって、政治を施《し》いて行く。それが中央と少しも連絡の取れていない日本の国内に、六十ヵ所の日本国が出来ているような形で、どうにも仕様がない。この弊を矯《た》めて国政の改善を図るには、どうしても廃藩置県を断行しなければならないのである。長い間の封建政治に慣れていた方から見れば、このことを断行するという場合はどれほど各藩の反抗が起こってくるか、その十分の見込みはついていないが、ただ恐るべき反抗が起こることだけは朧気《おぼろげ》に見えるのであるから、容易に着手することが出来なかったのである。

伊藤博文がまだ俊輔といって兵庫県の知事をしていた明治初年の頃、陸奥宗光と連れ立って東京へ乗り出して来て、このことについて岩倉を説いたことがある。さすがに伊藤はその頃から進んだ思想をもっていた人で、廃藩置県についても少し纏まった意見を持っていて、かつてこのことを木戸に漏らしたけれど、木戸はなかなか用心深い人で、どんなにこのことが必要な改革事項であるとしても、世間の事情と相まって行かなければならないことだから、容易に手を下せないという見込みで、一応伊藤の意見は聞いておいただけで、その実行の運びにはいたらなかったのだ。

伊藤は歳も若いし気も焦るので、同志の陸奥と共に上京して今度は木戸を差しおいて、岩倉を直接に説き付けたのである。しかし、岩倉も木戸と同じようにその志はあっても、なかなか難しいことと見ていたから、容易に伊藤の説を容れようとはしなかったが、多少の刺激剤にはなって岩倉も心配するようになった。その他にも、伊藤と同じような意見をもってしきりに政府に迫った者もあり、藩地を離れて中央へ出ていた人物は、多くこの点について同じ考えをもっているという見込みだけはついた。そこで岩倉や木戸の心にも幾分か調子がついて来る。大久保も木戸に促されて、幾分か頭を傾けるようになった。

ある日のこと、野村靖と鳥尾小弥太の両人が、井上馨を訪ねて、

「今日は、貴様の首をもらいに来た」

と、言いながら席に着いた。野村は吉田松陰の門下で、兄の入江九一とともに松陰の幽囚中に常にその意を受け

て、勤王論のために尽くした人である。鳥尾は野村と全く変わった方面から身を起こして、長州出身の軍人としては毛色の変わった一人に数えられて、その晩年まで鳥尾流の議論を押し通していた硬骨漢である。この両人が出し抜けに首をくれと言って来たのだから、井上もいささか驚いた。いつもの冗談とはその口ぶりが違っているので、多少は井上も驚いたに違いない。

「フム、俺の首をくれというのか」

「そうじゃ」

「そりゃ面白い、時と場合によったら、一つや二つ渡してもよいが、全体どういう用に使うのか。使いみちによってやることは出来ない」

「イヤ、その首を何かに使うというのではない、われわれ両人の言うことを聞き入れなかったら、その首を出せというのじゃ」

「ウムそうか、何か注文があって来たのじゃな」

「そうじゃ」

「よし、まずその注文から聞こう」

「それじゃ言うが、徳川を倒して王政復古を布告しただけでは、何のために維新の戦争をしたのか意味が分からない。なぜ廃藩置県を断行しないのか。貴様は大蔵省へ入って、一国の財政の根本を握っているから、それで満足しているかも知れないが、それでは御維新の際にあれだけの活動をしたのが何のためか、その意味がないではないか。今日は是非それについて貴様の確答を聞きたいと思ってきたのじゃ」

「そうか、その一件か。それならば別に俺の首を渡すまでのことはない。内部でも話は進んでいるようだが、ただ西郷が何と言うかそれが懸念に堪えない。察するにこのことは、西郷の首の振り方一つで決まると思う」

「ウム、そりゃ面白い。西郷一人で決まることなら何でもない。それじゃわれわれがこれから行って、西郷を説き付けよう」

と言うのを聞いて、井上は手を振りながら、

「それはいかん、西郷は理屈ばかりでは動かないのだから、やはりああいう人物を動かすには、それ向きの人間がやらなければいけない」

「フム、その向きの人間とはどういう奴だ」

「ほかでもない、山県をやれば確かに西郷に承知させてくる」

鳥尾は苦笑いをして、

「山県に、このことが解るだろうか」

「馬鹿なことを言うな、山県だって廃藩置県くらいのことは解る」

「そうかな」

「マァ、とにかく、お前達両人で井上は差し支えないからといって一応説いてみろ。俺が行くよりはお前達の行った方が山県もわがままが言えないから、案外話が早く片付くかも知れない」

「そうか、それじゃ行って来よう」

そこで両人は山県を訪ねて、このことを談じたのである。

山県は両人の説を聞いて、これもすでにその覚悟がついていたのであるからで、少しも躊躇せず両人を待たせておいて、西郷のところへ相談に出掛けた。果たして西郷が何と返事をするか、待っている両人は非常に興味の

あったことだろうと思う。

4　西郷の決断と廃藩置県の断行

西郷はその頃、小網町《こあみちょう》の邸《やしき》にいたのであるが突然山県がやって来て、廃藩置県のことについて相談があった。このことは山県もよほど立ち入った考えをもっていたと見えて、しきりに理屈を並べる。西郷は終始沈黙して山県の述べることを聞いていた。やがて山県が説き終わって西郷の返事を待っていると、

「それは誠に良いことであるから、確かに承知した」

と言ったきりで、議論するようなことは少しも言わない。山県はなお押し返して、

「それでは、このことを大久保と木戸の二人に、取り次いでも差し支えありませんか」

「よろしい」

「このことの実行について、閣下は別にご注文とか、あるいはご意見というものはないのですか」

「わしの考えていることは、やはり木戸や大久保も考えているじゃろう。わしの口からこれを言うまでもない。ただ二人にこれを行う誠意があれば、直《す》ぐに行われるのである」

と、西郷の答えを聞いたから、山県は直ぐに帰って来て、鳥尾と野村の二人に話す。二人はこれから井上を訪ねて伝えたので、その晩のうちに井上は木戸を訪ねて、

「西郷に異存はない」

ということを話した。そうなると木戸も大変調子がついて、翌日は大久保を訪ねて、ここに廃藩置県の断行に関する大体の意見が決まったのである。

明治四年の七月七日は、朝から台風で夜に入ってから雨が降って来た。真夜中のころには例を見ない暴風雨となって、道端の樹木などはほとんど吹き倒され、場末の方へ行くと潰れた家屋もだいぶあったくらいに激しい風雨であったが、夜が明けてもなお風は止まない。雨は時々降って来て往来は全く途絶えてしまった。前の晩から大山《おおやま》弥助《やすけ》と西郷《さいごう》晋吾《しんご》の二人が来て泊まっていた。朝早く、大西郷は起きると直ちに身支度《みじたく》を済ませ、まだ寝ている二人をしきりに揺り起こして、

「サァ、これから行くところがあるから、一緒に参れ」

布団の中から首を出した、大山と西郷は、

「何処《どこ》へ行くのですか」

「何処でもよいから、マァ、一緒に出ろ」

渋々ながら両人も起きて来て、仕度をする、蓑笠《みのかさ》と饅頭笠《まんじゅうがさ》を被って三人揃って小網町の邸を出た。大山はいまの元帥巌《いわお》のことで、晋吾は後の従道《つぐみち》である。この両人が大西郷のお供をして、暴風雨の中を蓑笠で出掛けたのが面白い。途中で風のために大西郷の被っていた笠は飛んだが、頭の上には笠台が残っている。それをそのままに平然として歩いているのだから、いまから想像してみても実に変なものであったろうと思う。

後から付いて来る両人は何処へ行くのだか分からないが、大西郷の行く通りについて来たのだ。やがて九段坂上の木戸の邸へ来ると、これを見た門番は怪訝《けげん》な顔をして直ぐに玄関へ通した。執事や家令が大勢出て来て平伏する。笠や笠台をとってそのまま上《あが》って来た様子を見た時には誰もが、日本一の西郷がこのように質素簡単なのには驚いた。この時にはすでに大久保が先に来て、西郷の来るのを待ち受けていたのだ。木戸は差し向かいにな

ってしきりに相談を凝らしているところへ、西郷が一応の挨拶をして席に着くと、そのまま腕を組み眼を閉じたきり一言も言わずに、大久保と木戸の相談をじっと聞いているのである。井上は次の部屋に机を控えて書記の役を勤めている。山県も心配してその脇に座っていた。かれこれするうちに、廃藩置県に関する手続きはどうすれば良いかということの大体だけは決まった。そこで木戸は西郷に向かって、

「いままで聞かれたとおりの次第で、これからいよいよこの大問題を断行しようと思うが、それについて恐れるのは各藩の反抗である。また全国到る所に不平の士族どもが潜伏しているのであるから、万一事の起きた時には何としてこれを治めるか、それについて君の考えを一通り聞かせておいてもらいたい」

「各地の騒動が恐ろしいから、このことは断行が出来ないと言わっしゃるのか」

「イヤ、そうではない。たとえ各地でどれほど騒いでも、これは断行することに決めたが、もしその騒動が起きて来た時の鎮撫だけはしなければならない。それについての君の考えを聞いておきたいのじゃ」

「よし、それだけのことなら、わしが引き受ける。あんたらは心配なくそのことを断行するがよい」

と言って、軽くその胸を叩いたので後の相談はスラスラと決まった。幾百年来打ち続いて来た、封建政治の根底を覆《くつがえ》すべく、廃藩置県の大業を行おうとする場合に、各地の反抗を恐れた木戸の質問に対して、西郷がわずかに胸を一つ叩いて、そのことは引き受けるから安心して断行の方に掛かったらよかろう、と言ったこの一言は千鈞の重みがあって、かつこの件を断行できたのは、全く西郷のこの一言に懸かっていると言っても、誤りではないだろうと思う。

しかしながら、ことは全く秘密を保たれて、さらに外へは漏れなかったのである。三条や岩倉は、木戸邸の会議には臨まず後になってからその報告を聞いて、驚いたということであるが三条や岩倉のような人にさえも打ち

明けずに、三人の相談が決まってから、あとでに話したという一事に照らしてみても、どれほどまで秘密が保たれたかということは想像される。それであるからことの運びが綺麗にいったのである。岩倉には多少の不平もあったようだが、それは上手く三条がなだめてここに一同揃って、陛下の御前に罷《まか》り出て奏請《そうせい》に及んだ。ここにおいて、先帝は非常なご決断をもって、このことを実行されることに決したのである。

こういうことは総て前後を考えて、愚図愚図《ぐずぐず》しているのが一番悪いのだ。こういう具合に今日考えて明日行うというような遣《や》り方をすれば、必ず実行出来ることに決まっているのだが、さてその点になると、よくいう決断なるものが必要であって、この事件ほど世間から難しく見られていた割りに、迅速な運びになったことは多く例がないのである。早くも七月十四日には、薩長土肥の四藩主を宮中へお招きになって、この旨を諭される。予め覚悟のあった四藩主は、謹んでお受けを申し上げて、いままでの領土を残らず奉還に及んだ。

それから初めて、他の諸侯へも一時に御沙汰が下る。東京に詰めている各藩の留守居は突然宮中へ呼び出されて、いちいちこの申し渡しを受けたのだから、よくいう寝耳に水で中には顔色を変えた者もあれば、一時目をまわした奴もいた。その中において、鳥取藩の留守居を勤めていた沖操三が、このご沙汰を受けて廊下を下って来た時に、杉孫七郎が通りかかって、

「オー沖さんか」

と声を掛けたら、

「おめでとう」

と言って、頭を下げた。おそらく沖がおめでとうと言ったのは、封建政治の根底が破れて、これから王政復古の実が挙がるということを祝った意味であろうが、とにかく、この際ただ一言おめでとうと言ったために、沖は薩

長の政治家に認められて、大臣にはなれなかったけれど、神奈川県知事を十年以上も勤めて、円満な退職をしてその晩年を気楽に送ることが出来たのである。

十一　尾去沢《おさりざわ》銅山の強奪

1　江藤新平の破天荒な通達

井上馨（一八三五―一九一五）は既に死んで、山県有朋（一八三八―一九二二）はいま病んでいる。この際に、江藤新平（一八三四―一八七四）へ贈位の御沙汰は、何となく面白い感じがする。井上はかつて予算問題と尾去沢《おさりざわ》の銅山事件で、ひどく江藤に苦しめられ、山県は山城屋事件で既に一身の危うくなるまで責め付けられた。だから江藤の死後、すでに四十年も経っているのに本人はもちろんのこと、その遺族に対しても何等の恩典は与えられなかったのである。長州藩閥の政治家にどれほど勢力があるにしても、そういうことにまで立ち入ってかれこれすべきではなかろうとは思うが、しかし、ひとの善を揚げて、これを賞することはなかなか難しいものだが、人を悪しざまに言って退けるのは、極めて易いことである。井上や山県が昔の恨みをもって、江藤に対する悪感情を大正の今日までもっていたのは、どうにも愚かなことではあるが、彼らとしてはそのくらいに恨みが骨にまで浸み込んでいたのかも知れない。

大西郷は謀反人《むほんにん》でありながら、遺子は侯爵の栄位を授けられて、その一門は栄華の夢を見ている。そして西郷は、上野の公園に銅像となって厚く祀られているのだ。もし江藤が謀反人であるがゆえに、不都合な奴であるとするならば、西郷とてやはり謀反人である。もし西郷が維新の際に功労のあった人だとすれば、江藤とても明治政府の樹立については容易ならない功績をもっている人だ。

概括して見たうえの人物論から、その人となりの大小を論ずるのは、歴史家の役目であるが政府や皇室から見れば、一視同仁《いっしどうじん》の心をもって双方を見てやらなければならないはずである。ところが、同じ謀反人の西郷は銅像に祀られているだけでなく、子孫は浮世の苦労を知らずに暮らしていられる。これに反して、江藤は飽《あ》くまでも悪人扱いされて、その子孫は陋巷《ろうこう》に窮死せんとしているのだ。ごく公平に見てこの位に不公平なことは少なく、また世間の人からも冷淡にこれを見過ごされたのは、いかにも残念なことであった。

大正五年の四月十一日になって、江藤に贈位の御沙汰が下《くだ》ったのは、たとえその時は遅れたとしても王者の仁は、まさにこのようでなければいけないはずであって、著者のように江藤の同情者はもっとも愉快に感じるところである。全体、江藤の気風は、剛直にしてやや偏屈に近かったから、誰にでも好かれる質ではなかった。特に長州閥の政治家に対しては、終始反抗的態度で仮にもその悪を許さないという風があったから、井上などと調和してゆくことがどうしても出来なかったのは無理もない。

当時の参議中で、佐賀藩から出た者が四人。その一人は副島種臣で他の一人が大隈重信、それから大木喬任、これに江藤を加えて佐賀の四参議といったのである。副島は非常に物堅い人で特に学者肌のところがあったから、あまり人の争うことを好まず、自ら君子人《くんしじん》の風があった。大木は極めて地味な、何事にも控え目勝ちで、人を押し退けてまでも己の功名を争うようなことはなかったから、好人物としてあまり人に憎まれなかった。大隈はその時分からいまのような調子の人で、風呂敷を拡げ過ぎるために先輩はもちろん、同輩の間にも深い信用はなかった。この三人に比べると、江藤はなかなか経綸《けいりん》の才もあり、政務の機微にも通じていた人であるが、ただ惜《お》しいことに自我の念があまりに強くて、ややもすれば喧嘩腰になって己の主張を通そうという風があった。しかしながら司法省の権力を拡張して、司法事務を内閣の上に超然とあるようにした業績は、江藤であればこそ出来たのであろうと思う。現に、司法省の第四十六号の達しを見れば、江藤が司法権をもって全く行政権の上から独立させて、あくまでも司直の任務を全うしようとした精神が溢れている。

その達しに、

「地方人民ニシテ官庁ヨリ不法ノ迫害ヲ受クル者ハ進ンデ府県裁判所若クハ司法省裁判所ニ出訴スベシ」

とある。明治維新の擾乱《じょうらん》（乱されること。騒乱）に際し、相当の功名を立て役人になった者が多くあるだけに、ややもすれば政府を我物顔に扱って、ほとんど公私の区別など眼中におかず自分が思ったままに、何事も振る舞って行く傾きがあった。ただ肩で風を切って歩く程度に威張っているのなら良いが、人民の損得に関係のある問題にまで立ち入って、わがままの振る舞いをするようになっては、人民がとても立ち行くものではないから、そこで、人民は何事につけても不服を言いたいが、その不平を訴えるべき途《みち》が開けていなければ、どうすることも出来ないで、ただ何となく政府を怨《うら》むようになる。それでは政治の道ではないから、江藤がこういう達しを出して一般の人民に対し、役人を相手どって出訴すべき道を開いてやったのである。いまの時代ならば、あえて珍しくもないけれど明治の初年に当たってこういう達しを出すのには、その内部にも反対はあったろうが、江藤は断乎としてこの達しを発表してしまったのである。

長い間の武家政治が続き、人民の頭を抑え付けてきた。その習慣が深く浸み込んでいるから、抑え付けられている人民の方でも、役人や武士がわがまま勝手を働くのは当然であるくらいに思っていて、役人や武士の方でも一般の人民を虫けら同様に扱っていたのは、旧幕時代も明治の初年もさらに変わりはなかったのだ。現にこの達

しを公示するについて、太政官でもだいぶ議論が闘わされたが、その時にある一人は江藤に向かって、

「全体、人民が政府に対して、裁判を起こすというような不都合なことを、政府が自ら許すという布告を出すのは、いわば敵に兜を脱いで降服するようなもので、はなはだ詰まらぬことと思うがどうか」

と言われて、江藤は笑いながら、

「役人が人民を敵と思って見ているから、そういう考えも起こるので、政府の方に悪いことがなければ、人民が政府を相手取って訴えるわけはない。人民が政府を相手取って訴えるべき権利を、政府から人民に与えたからといって、それが何も人民に対して政府が降伏した意味にはなるまい。特に政府と人民の間において、降伏したとかしないとかいう言葉を用いるのが、すでに間違っているのじゃ」

「しかし、人民は政府を相手取って、裁判することが出来るものじゃろうか」

「それは十分に出来るはずじゃ」

「どういう理由でそういうことを許しても良いのか」

「それがすなわち、人民の権利というものじゃ」

これを聞くと列席の者は、互いに顔を見合せてそっと袖を引き合った。前の一人がやや言葉も荒く、

「江藤さん、君は妙なことを言われるものじゃ。人民に権利などがあると思うのが間違っている。人民は政府から治められていれば良いものじゃ」

さすがの江藤も、この一言にはいささか呆《あき》れてしばら暫く黙っていたが、これから順々に政府と人民の関係を説明した。ついに頑迷連を説き伏せて、この布告を出すことにしたのだ。この役人が人民に権利などないと喝破したところに、当時の役人の思想がどれほど荒《すさ》んでいたか想像できる。

2　訴えの書類と証拠

明治六年の二月上旬、江藤は例によって司法省の一室に部下の者を集めて、しきりに取り調べ物をしている。ところへ取次の者がやって来て、

「ハッ、申上しげます」

「何じゃ」

「ただいま、この者が参りまして、閣下へ親しく拝謁の上、何か申し上げたいことがあると言って控えております」

「フム、誰じゃ」

取次の差し出した名刺を取って、江藤が見るとその名札には堀松之助と認《したた》めてある。江藤は軽くうなずいて、

「ウム、よし、応接室へ通しておけ」

「ハッ」

取次は立ち去った。

その四、五日前に江藤の手許へ一通の書面が届いた。差出人は、いま面会を求めてきた堀松之助である。書中の意味は、

「時の顕官が権勢を利用して、人民の財産を横領した事件があるが、それについて密かに哀訴したいから、是非面会を許してもらいたい」

というのであった。果たしてどういうことか分からないが、とにかく、こう言って来たのであるから一応は面会

して、その事情を聞いてみようという考えで、江藤は堀を応接室へ通したのだ。堀は取次の者に案内されて、応接室へ入ってしばらく待ち受けていると、やがて江藤が出て来たので、堀は席を立って丁寧に頭を下げた。江藤は軽くうなずきながら席に着いて、

「君が、この間書面をよこした堀というのじゃな」

「さようでございます」

「今日来たのも、その書面の儀についてか、それとも他の用事か」

「過日、差し上げました書面の件について参ったのでございます」

「そうか、どういう話か一応聞いてみよう」

「ハイ、それではこれより申し上げます。秋田県の鹿角郡《かずのごおり》に尾去沢《おさりざわ》銅山というのがございまして、昔は南部様の所領でありましたが、その領地内の村井茂兵衛と申します豪商が、長い間その銅山の採掘をしておりますうちに、井上大蔵大輔のために強奪されてしまいましたので、どうにも残念な次第と心得て、村井が酒田の上等裁判所へ出訴いたしましたけれど、ついに敗訴に帰しました。

これは申すまでもなく大蔵大輔として世に時めいている、偉いお方を相手取ったのでございますから、裁判する人にも幾分の手加減があって、こういう偏頗《へんぱ》な採決になったものと考えますが、今般御省のお達しによりますと、地方人民が官庁より不法の迫害を蒙った時は、速やかに司法省裁判所へ出訴するようにとのことで御座いますから、私は村井茂兵衛の代人として、この件を哀訴いたす次第でございます。願わくば閣下が十分にお取り調べくださって、公平なる御裁断を願いたいのであります」

事件の内容には深く立ち入って聞かないが、その大要を聞いただけでも江藤は予《かね》て井上らの仕業に対しては、

常に不快の念を抱いていたので、さては彼等がそういう悪事をやっていたかという感じは、直ぐに湧いて来るのだ。

「フム、それはなかなか大変な事件じゃが、おまえも大蔵大輔がどれほどの重い役であるかは知っているじゃろう。その偉い役をしている者を相手取って訴えるのは、よほどの確信がなければ出来ないことであると思う。ただ自分の意見が通らないから、無念晴らしに訴えるというような考えからホンの一時の腹いせに訴えるのでは、かえっておまえ達のためにもなるまいと思うから、よく考えてみたら良かろう」

「仰せはごもっともでございますが、閣下に直接哀訴いたしますまでには、十分に熟考いたしましたので、今更に再考をする余地はございません。もしこのことについて私共の申し立てに少しでも嘘がございましたならば、相当のご処置を蒙《こうむ》りましても、あえて恨みとは存じません」

「なるほど、それまでの覚悟をもって来たのならば、なお立ち入って尋ねて見よう。たとえ井上にどれほどの権勢があろうと、他の採掘している銅山を勝手に奪うことは出来ないはずじゃ。それには相当の筋道がなければならない。全体どういう次第でそういうことになったのか」

「口頭で申しますことには、ややもすれば誤りのあるものでございますから、書面に致して参りました」

「ウム、それではそれを見せろ」

「これでございます」

堀が差し出した銅山事件の顚末録を江藤が一通り読んでみると、実に驚くべき不法なことを、井上がやっているだけでなく、ついに官権を利用して銅山を奪い取った事実は歴々として、この一冊の哀訴状の中に証明されているのであった。

「よし、一応この書面は預かっておく、本省においても充分の調査をした上で、相当の処置を取ることにするから、この件については何人にも話すことはならない。それに本省の意見を差しおいて勝手に示談をすることがあると、その分は差し置かないから、そう心得ろ」

「誓ってそのようなことは致しません」

ここにおいて江藤は、堀を一時帰らせておいて、それから二、三日は堀の残していった書類について、充分の調査をとげて見ると、どうしても井上の処置が不法であるということだけは明らかであるから、なお進んで充分の調査を遂げて、これを機会に長州閥の政治家が、官権を利用して私利を営んでいるその罪悪を片っ端から暴《あば》いて、だんだんと処分をしてしまおうと深い決心をしたのである。

司法大丞を勤めて警保頭《けいほのかみ》を兼任していた、島本仲道という人がいた。前にもその人となりの一部分は述べておいたが、この人はなかなか剛直な性質であったから、江藤も非常に信頼して大概の秘密はこの人にだけは打ち明けて、相談するようにしていたのだ。

「何の御用ですか」

と言いながら、江藤の部屋へ入って来たのは、例の島本である。

「オゥ島本君か、サァここへ来てくれ」

島本は静かに席に着くと、江藤は声を潜めて、

「面白いことが出来たぞ」

「何ですか」

「予《かね》て目掛けていた井上を、打ち込む事件が出来たのじゃ」

島本も思わず膝を進めた。

「ハハー、それは面白いことですな。あいつなかなか悪いことをしているから、何時か一度は目玉の飛び出るほどの目に遭わせてくれようと思っていたのですが、あえて私の恨みのある訳でもなく、同じ政府に勤めていれば同僚である。しかし、新政府が立てられて未だ幾ばくもたたない中に、権勢をもっている役人が、私利私欲のために不都合な行為をするのを許しておいては、人民を心服させることが出来ないから、そのような者は断然遣っ付けた方がよかろうと思う。ついてはどういう事件ですか」

「ほかでもないが、尾去沢の銅山を井上が、村井茂兵衛という町人から強奪したのじゃ」

「ウム、その事件ですか」

「ハハァ、君はすでに知ってるのか」

「詳しくは知らないのですが、かつて酒田の裁判所へ、村井某という者が銅山取り戻しの訴訟を起こしたことは聞いていましたし、その内容に井上が関係のあることも聞いておりましたが、いよいよ本省へその事件を持ち込んだ者があるのですか」

「ウム、村井の代人の堀松之助と申す者が、実は三、四日前に来て、この通り書類をおいて行ったのじゃ」

「どれ、ちょっとお見せください」

これから島本が、堀の残していった書類に一通り眼を通して、

「ウムこりゃ面白い。これだけの証拠があれば、もうこれで打ち込むことは出来る。しかし、彼にも相当の味方があるのじゃから、なお進んで充分の証拠を押さえて、のっぴきならないようにしておいてから、打ち込んだ

方がよかろう」

「万事は君に任せるから、然るべきようにやってくれ」

「よろしい、承知しました」

島本は江藤の命を含んで、これから様々な方法をもってこの事件の内容に立ち入っての調査を始めた。わざわざ南部まで人をやって調査もすれば、その他あらゆる手段を尽くしたので、相当に日数は要ったけれど島本の手には確実な証拠が握られて、もうどんなことをしても井上は逃れることは出来ないまでになった。そこで島本は江藤に報告をして、そろそろ井上を縛りに掛かったのである。

3 村井茂兵衛を襲う理不尽な債務

維新の際に南部藩は奥羽連盟に加わって、一度は官軍に反抗したがそれはホンのしばらくの間で、やがては天下の大勢を悟り官軍に帰順することになった。けれども、一度は官軍に対抗して兵を動かした廉《かど》があるから、いままでの所領二十万石から七万石を減らされて、十三万石にされてしまった。その上に、冥加金《みょうがきん》と称して朝廷へ七十万両の献金を命じられた。元来があまり豊かな大名でもなく、またその前後において相当に無駄な費用も費やして、戦争に負けて降参したあとのことで、七十万両という大金の調達は容易に出来るはずがない。

しかしながら官軍は勝ち誇った勢いでこれを命ずるのだから、何とかして都合しなければならない羽目に陥って、方策が尽きたのちに村井茂兵衛を呼び出して、この調金の周旋方《しゅうせんかた》を命じたのである。村井は尾去沢《おさりざわ》銅山の関係で外国人と取り引きをしていたから、現に大坂には銅の販売店を設けてあって、兵庫にいる外商とは年々少なからず取り引きをしていたのだ。その関係を幸いに藩庁の方からは外国人によって、負債を募《つの》ってもらいたいというのであった。村井の身に取ってみればこんな迷惑はないので、実は辞退をしたいのだけれど、旧藩主という関係もあれば、また銅山採掘の権利を与えてもらった関係もある。それらの事情から拠所《よんどころ》もなく引き受けて、これから外債募集の奔走《ほんそう》を始めたのだ。ところが幸いにしてそれに応じようという者があって、予期したよりは面倒も少なく仮契約が結ばれた。

その契約のうちに破約をするようなことがあれば、一方へ対して金二万五千両の違約金を提出するということを書き加えてあった。これは外国人の方にしてみても、いま手許《てもと》に七十万両の金はない、本国へ取り次いでからのことであるから、そんな手数を掛けたのちに違約などをされてはたまらないから、こういう契約をしたのも無理はない。また村井の方にしても契約をしておきながら、本国へ照会したら出来ないというようなことを言われては、藩へ対しても済まないと思って、こういう契約書を取り交わしたのだ。

村井から藩へ、首尾よく調金の運びになったという報告があると、すぐに藩臣の主だった者が集まって、その外債償還の方法についての相談に移った。ところが、このことを村井に申し付けた時は、ほんの五、六人の重役が殿様と相談の上でやったのだが、いよいよ借り受けるとなれば藩の全体の債務になるのであるから、したがって藩臣の頭にもその幾分は割り付けられてくるのだ。ここにおいて議論はたちまちに沸騰して、幾日経《た》っても容易に決まりそうでない。外国人の方からしきりに喧《やかま》しく言ってくる。そのうちに藩論は、この借金を断るということに決定した。それはどういう理屈かというと、

「苟《いやしく》も南部藩ともあろうものが、どんなに窮したとしても外国人に借金してまで、この冥《みよう》加《が》金《きん》を納めなければならないというのは、どうにも藩の恥辱《ちじよく》であって、そのようなことは先祖の位牌へ対しても出来ない。藩士が総掛りになって奔走したら、どうにか調金も出来るだろうし、また場合によっては政府へ願って、一時に納金

はしなくても漸時に納金するようにもなろうから……」

というので、ついに外国人の方は断ることに決したのである。藩論はこういう具合に決まったけれど、さてこうなってみると一番困るのは村井であって、外国人の方へは堅い約束をして違約金のことまでも契約書には書き入れてある。そこで村井から藩の重役に対してこの議を申し出ると、

「たとえどういう契約がしてあっても、藩論がこういう風に決まった以上は仕方がないから、その方は破約に致せ、ただし違約金はその方が立て替えておけ」

ということであった。

違約金を人に立て替えさせて破約しようというのだから、ずいぶん虫の好《よ》い申し状ではあるが、相手が藩主であったので村井はこれを拒むことも出来ず、ついに泣く泣く引き受けて、二万五千両の違約金は村井が立て替えて、外国人の方はそこでことが済んだ。

ところが明治四年の七月になって、廃藩置県のことが決すると同時に各藩の債権債務は、悉《ことごと》く政府の方で継承して一切の始末を付けることになった。大蔵省に判理局というものが出来て、その局長は北代正臣《きたしろまさおみ》という人であった。各藩の債権債務のことは一切この判理局で取り扱うことになって、段々書類を調べてゆくうちに南部藩の整理に移った。多くの書類のうちから金二万五千両と書いて、その下に「奉内借《ないしゃくたてまつる》」と認《したた》めた一書があって、差出人は村井茂兵衛とあるから、尾去沢銅山の持主で南部藩内の富豪として有名な者である。判理局から村井に対して、

「南部藩から借りた二万五千両は速《すみ》やかに上納しろ」

という命令がきた。この命令を受けた村井は大いに驚いて、さっそく支配人が判理局へ出て、その書類を見せて

もらうと、なるほど「奉内借」とは書いてある、がしかしこれは借金の証文とは違うのである。一応その次第を弁疏《べんそ》（申しひらき、言いわけ）することになった。

「これは前年、外国人より七十万両借入をする仮契約をして、それを破約する時分に違約金として差し出すべきはずの二万五千両を、村井茂兵衛が外国人の方へ藩主に代わって支弁しておいたのを、その後藩主の方から下渡しになったから、その受取証として出したのであって〝奉内借〟と書いてあるのは決して借用した意味ではないので、従来南部藩においては金銭についての習慣が、こういう風に書付を書かせることになっていたのであるから、その点についてはは旧藩の方へ、十分にお取調べになれば事情は判明する」

という旨の事情を申し述べたけれども、判理局の方では更に受け付けずに、

「たとえこのように申そうとも証書の上に〝奉内借〟と書いてある以上は、借りたものに違いないのであるから、返金するのが当然である」

と言って、何としても村井の陳述を採用しない。そこでいろいろに歎願書などを出して調査を願ったけれど、判理局はこれを受け付けないだけでなく、ついに盛岡の本店と大坂の支店とこの二ヵ所へ向かって、大蔵省から厳重な財産差し押さえの処分をしてしまった。ただこういうことをしただけでなく、南部藩から銅山の採掘権を得る時分の代償金がまだ残っているという名義で、五万五千四百両の上納金を命ずるとの命令を発した。村井は違約金の一条で差し押さえをされて、内外の信用を失って一時は山を閉じ、商売も中止する有様になっていた。その上にこの大金を追徴されることになったのであるから、これをこのまま厳重な取り扱いをされたならば、村井の家は滅亡するほかはないのである。言うべき理屈は充分にあるけれども、長い蛇には捲《ま》かれろの譬喩《たとえ》で、頼る所もなく泣きの涙で一切の義務を認めることの書面を出して、それについては五ヵ年賦の年賦償還《ねんぶしょうかん》にして、銅

山採掘の権利を相変わらず与えておいてもらいたい、ということを哀訴《あいそ》したのであるが、判理局はこの書面を握り潰して、なんの指令も与えず日々を送るうちに突然、尾去沢銅山の払い下げ命令が出て、同時に競売法をもって希望の者に入札をさせる、というのであった。

ところが、一般の人へはそのことを予告しないで、井上の配下の者であった岡田平蔵という役人上がりに指名入札をさせて、しかもその払い下げ金に二十ヵ年賦の無利息ということにして、決定を与えてしまった。長い間、採掘権を得ていた関係からいえば、村井にもこの入札を知らせなければならないのであるにも拘《かかわ》らず、そんなことをするわけでもなく岡田という者が、ついに銅山の採掘権を握ってしまったのである。その裏面には、なお細かい醜怪な事実はたくさんあったけれど、まず大体においての銅山事件の経過はこういう次第であったのだ。

4　江藤新平の追及をかわす井上馨

島本が充分に踏み込んで調査をしたから、その始末は詳しく判った。それによってみれば井上一派のこれに関係した役人は、到底許すべきでない罪を犯していることが分かったので、ただちに江藤に対してその報告をすることになった。

江藤はこの報告書を見ると、

「実に井上大蔵大輔は怪《け》しからん奴である、仮にも高位高官にある者が、このような非違《ひい》の行いをすれば、一般の人民が政府を疑って何事についても容易に信じないということになるのだ。われわれの同僚中にこのような者がいるのを知りながら、いたずらに見すごしていては、人民が悪いことをした場合に、これを厳罰に処することも出来なくなる。まず井上から処分をしてゆく必要がある」

と、この意味をもって島本はじめその他の者に命令を下して、厳重な処分を行わせようとした。したがって井上は、幾たびか司法省へ呼び出されて島本などの訊問《じんもん》を受けることになると、井上は例の癇癪《かんしゃく》を起こしてしきりに江藤を罵《ののし》る。それがまた江藤の方へ大きく聞こえてくるから、ますます江藤が怒って井上を睨《にら》むというようなわけで、かれこれしているうちに予算問題の衝突が起こってきたから、ますます二人の間の不和は一通りでなく、いつもこの二人が原因になって内閣が動揺するような有様であった。

そののちに井上は、予算問題の争いに負けたから職を辞して民間へ下った。その頃に井上が憤慨して、

「もしわが輩が、一大隊の兵を自由に動かすことが出来たならば、司法省は粉砕《ふんさい》してくれよう」

と言って、怒号したということである。

井上は負けん気の強情から、配下の一人の益田孝を連れて尾去沢銅山に乗り込み、直ちに持ち主の名義を変更した上で、銅山の入口に大きな杭を立て自ら筆を振って、

「従四位井上馨所有銅山」

と認め、そのかたわらに井上は頑張って、

「サァ、何時でも縛れるものならば縛って見ろ」

と勢い込んで控えていた。これを聞いた江藤は、いよいよ歯軋《はぎし》りをして憤慨する。島本たちと打ち合せの後、一片の書面を認めて太政官へ提出した。それは、

「井上馨を捕縛するから太政官においてこれを認めてくれ」

というものであった。大蔵大輔を勤めて従四位という位階のある人物を押さえるのには、太政官の許可を得なけ

れば縄を掛けることは出来ないから、江藤はこの手続きを踏んだのだ。ちょうどこの時に、木戸が洋行から帰って来て、これを耳にすると非常に驚いて、しきりに江藤を抑えようとしたけれど江藤は容易に承知をしそうもない。そこで木戸が一策を案じて、

「井上は高位高官にあった者だから、まずしばらく措《お》いて、その他の関係者を充分に取り調べて、井上は最後に取り調べるようにしろ」

という命令を下した。こうなってみると、江藤も井上を縛ることは出来ない、止むを得ず他の者の取り調べを急ぐことにして、係官は河野敏鎌、小畑美稲、大島貞敏の三人に命じた。

井上を縛りたい一心から取り調べを急ぐので、他の関係者に対する訊問は着々捗《はかど》って行く。それを木戸はじめ長州閥の政治家が、見ている心苦しさは一通りでない。もしこれがこのまま進んで行ったならば、無論《むろん》井上の一身は危なかったのである。問題が広がってくると、後藤象二郎、岩崎弥太郎、大隈重信などという連中が、木戸から頼まれて江藤と井上の間の仲裁に立ち、しきりに双方をなだめて和解をさせようとしたが、井上の方でもきかないが、江藤の方はなお更に怒っているので、とてもこのことは容易に纏《まと》まりそうもなかった。

折から、例の征韓論が起こってこれが井上の為に非常に好都合になったのである。征韓論の顚末は、後に述べることにするが、とにかく、この問題から江藤は西郷と共に辞職をすることになったから、肝腎《かんじん》の司法卿がかわってみれば、井上に対する検挙はどうしても手が緩《ゆる》むのは決まっている。

征韓論の後、江藤は佐賀に帰って旗挙げをした。その末路はついに死刑になってしまったが、かれこれ月日の経つうちに、銅山事件の取調書はすっかり整った。これを正当に処分することになると、たくさんの怪我人が出て来るから岩倉右大臣がもっぱら周旋をして、河野は元老院へ栄転させ、小畑は上等裁判所の方へ移し、大島は

高知の裁判所へ回されて、いままでの係官は、悉《ことごと》く新しい者ばかりにして明治は八年の十二月二十六日に、東京上等裁判所へこの事件を移して、有耶無耶《うやむや》のうちにこれを葬ってしまったのである。けれども、天下を騒がした問題の結末を、全然無罪で済ますことは出来ないから、その主だった者だけは処分することになった。

判決は与えたけれど、銅山の採掘権は果たして何人に帰するかということに対しては、何等の判決も与えずに終わったのだ。村井の訴訟の根本は、その点にあったのだけれど、これについては何等の解決も与えず依然として井上がもっていることになったのだ。特に処罰された者は、罰金とかあるいは酌量《しゃくりょう》して無罪にするとかいうのだから、この判決によってそんなに痛痒《つうよう》に感じた者はなかった。

この中《うち》の川村というのが、つまり井上の身代わりになって一切の罪を一身に引き受けたのであるが、ここに一つの不思議は、川村の息子に幹雄という者があって、これが明治三十二、三年の頃だと思うが、松方正義の親戚で久保勇という者が造った、蚕糸《さんし》銀行の支配人をしていて行金費消《こうきんひしょう》で牢へ入った。その事件もよく聞いてみると久保頭取の罪を幹雄が背負って入ったのであるということがあったが、親が井上の身代わりになって息子が久保の身代わりを勤めたのだから、父子が薩長の両派に別かれて身代わり役を勤めるようになったのは、実に面白いことだ。

その後、明治十三年になって村井は益々窮迫《ますますきゅうはく》を極めたが、この時には尾去沢銅山は三菱会社の手に帰して盛んに採掘が始められ、その採掘の盛んなのを見るにつけても、村井は昔の栄華《えいが》の夢を思い出して、どうしてもこのまま泣き止むことが出来ない。わざわざ上京して松尾清次郎という代言人に頼んで、鉱山下げ戻しの請願書を出したが、これはすぐに却下されてしまった。次には東京市長になって死んだ松田秀雄が、またその時分に代言人をしていたので、これに頼んで東京上等裁判所へ鉱山下戻《さげもどし》指令に対する不服の訴訟を起こした。この時には高知の裁判所へ転任を命ぜられた大島が、役人を辞めて代言人をしていた時であるから、松田の手伝いをして大いに訴訟の便宜《べんぎ》を与えたということであるが、何しろ長州閥の政治家が全盛を極めた時代のこととて、この際も有耶無耶のうちに葬られて、村井は何の得ることもなく今日では見る影もない有様になって、その遺族は劣悪な環境で苦しんでいるということである。

十二　岩倉の洋行と留守内閣

1　西郷隆盛の怒り

徳川時代に結んだ各国との条約が、明治五年以後には期限が切れて無効になる。よって、新たに条約を結ぶ必要が起こり、今までの条約の幾分を改めて、さらに約束するので、これを条約改正というのだが、しかし、期限が切れた後に改めて結ぶとすれば、新条約とも称すべきである。しかし、そういうことになると相手国の方に損があるから、どこまでもいままでの条約を基礎として、これに幾分の改正を加えることになるのである。それにしても期限の切れる一年前に、その下相談を始めなければならない。

ここにおいて、相当の人物を選んで欧米各国へ派遣する必要が起こって来たのだ。同時に欧米諸国の政治文物、その他一切の状況を視察して来ることになって、その人選についてなかなかやかましい議論があって、容易に決しなかったのだが、かろうじて明治四年の十月になって決まった。その主なる人々は左の通りである。

右大臣　岩倉　具視
参　議　木戸　孝允
大蔵卿　大久保利通

工部大輔　伊藤　博文
外務少輔　山口　尚芳
外務少丞　田辺　太一
外務大記　塩田　篤信
一等書記　福地源一郎
同　　　　久米　邦武
二等書記　柴田　昌吉
同　　　　渡辺　洪基
同　　　　小松　清治

そのほかにも、村田新八、岡内重俊らをはじめ一行百二十余人、これだけで押し出すことになったのだから、昨今になって非常に流行《はや》り出した団体旅行のようなものだ。

ところがこの一行が、いよいよ出発と決まって、帰朝の見込みは二年の後であるから、その長い間の留守には、様々な問題が起こってくるに違いない。普通の問題はどうでもよいとして、日本国の大体に関係をもつような大きい問題が起こった時にどうするかということが、議論になって岩倉の一派が提出した条件が、第一に、

「大使一行の不在中は、内外の政治は細大となくこれに改革を加えざること」

それから第二が、

「文武の官吏は、勅任はもちろん奏任にいたるまで、みだりに黜陟《ちゅっちょく》（解任、登用すること）せざること」

この二ヵ条を内閣の会議に掛けて決めようとしたから、サァ議論が沸騰してなかなか終局がつかなくなった。「われわれは用事があって外出するから、その留守中はお前達が勝手に政治のことをやってはならない」という意味としてみれば、留守を預かる内閣の参議は、まるで人間の置物みたいなものだ。それが普通の人物なら格別のこと、堂々たる政治家が揃っていて、しかもこういう条件付の留守番は容易に承知するはずがない。

一口に留守番内閣といっても、その人名を挙げてみれば、太政大臣の三条実美をはじめ、参議には西郷隆盛、副島種臣、大隈重信、板垣退助、大木喬任、江藤新平、後藤象二郎などがいる。それにいままでいえば各省の次官位の格式をもって、それよりは権限の大きい井上馨、山県有朋、勝海舟、黒田清隆、川村純義、西郷従道などが勢揃いして、いずれも留守番をすることになるのだ。いまから考えてもこの連中に、おとなしく猫の鬚《ひげ》でもむしりながら、茶菓子を食って留守番していろ、というのは無理な扱いで、この二ヵ条を見て一同が怒ったのも無理のないことである。

けれども、この留守番が豪《えら》くない人ばかりなら、こんな条件は決して付けなかったのだろう。ただ、「お前等は俺の留守中に、何もしちゃいかんぞ」と、門口を出る時に言っておけばそれで済むのだが、何しろ西郷はじめ容易ならない人物ばかり揃っていたので、こういう条件を明らかに定めておかなかったら、二年間の留守中にどんな変革を加えられるか分からない。役人なども自分たちの気に入らない者を片っ端から叩き出してしまって、一行が帰って来たら子分もなければ友達も居なくなってしまった、というようなことがおきた日には、それこそ大変だとあって役人の免職のことまで、条件の中に加えようとしたのだ。西郷はこういうことについて、あまり口出しはしなかった人だけれど、この時ばかりは非常に怒って、

「われわれはいやしくも陛下のご信任を受けて参議の職についているのであるから、国家の大問題と認めることは速《すみ》やかに処理して行く責任がある。岩倉の一列が洋行の間はその承諾を求めなければ、何事もなし得ないというのでは、まるで岩倉の家来も同様のことで日本政府の参議たる価値は何処《どこ》にあるのか。こういうことはお互いの道徳心をもって定める問題で、決して規則や個条書きにして貴様にこれだけのことに従え、といったような扱いをなすべきものでない。そういうことにまで立ち入って干渉がましいことをするというのなら、俺は絶対に反対をしてやるぞ」

と言って、いきまく。その他の者も、西郷と同じように熱を上げて怒り出した。いよいよ洋行の準備は出来たが、この議論のために引っ掛かって容易に出立が出来ない。今更この箇条を書いて出した岩倉の一派も閉口してしまった。幸いにして江藤新平が仲裁役となって、

「何しろこういう問題で、何時《いつ》までもごたついているのは、外国へ聞こえても非常に不面目なことであり、特に条約改正の下相談をするという触れ込みで出発する者がこの紛争のために、出発を延期するようなことがあっては、第一わが政府の信用に関して条約改正の上にも影響をもつであろうから、幾分か字句の上に修正を加えて、もっと穏かなものにしたらよかろう」

と言って、しきりに周旋したから、これを幸いに岩倉の一派も充分の譲歩をすることになって、これはようやくのことで片付いて、それから洋行の段取りになったのである。

ところが、この一件から西郷が岩倉の一派に対して、悪感情をもったことは非常なもので、普段はあまり小さいことをつかまえて争うことを好まなかった西郷も、この問題についてはよほど癪《しゃく》に触ったのか、横浜へ見送りに行った帰りがけ、まだ汽車がなかったころだから、ガタ馬車に乗って鮨詰《すしづ》めのようになって帰って来る。ある

一人が西郷に向かって、

「岩倉公の乗って行かれた船は、初め聞いたよりなかなか大きなものだ。あの位の船に乗って行ったら、どんな暴風雨に遭っても顚覆《てんぷく》するようなことはなかろうから、安心なものだ」

と言ったのを聞いて、西郷は苦笑いしながら、

「ウム、それは大丈夫じゃろうが、いっそのこと船のまま沈んでしまったら面白かろう、ハッハハハハ」

これを聞いた一同は互いに顔を見合わせて、しばらくは言葉がなかった。西郷にしては不似合いの悪罵《あくば》を加えたもので、船のまま沈んでしまったら面白かろうとは、酷《ひど》いことを言ったものだ。よっぽど例の一件が癪に触っていたに違いない。恐らくそれまでに西郷がこのほどの悪罵を他人に加えたことはないだろう。

2　日本に取りに帰った全権委任状

岩倉の一行が、アメリカへ着いてから珍談が起こった。それは外のことでもないが、いよいよワシントンへ着いて時の大統領グラント将軍に面会した時、条約改正の下相談をするつもりで来た、ということを告げると、グラントは、

「そういう億劫《おっくう》なことをしないで、いっそのこと、本談判を開いてしまったらどうじゃ。わが国は直ちにその改正に応じるつもりである」

こう言われてみるとなるほどその通りで、すぐに本談判に掛かった方が手数も一遍で済むことだから、かえって双方の好都合であるということになって、これから談判を始めようとすると、国務卿から、

「条約改正談判に関する、全権委任状をもっているか」

との問い合わせがきた。

そういう覚悟で出て来たのでないから、委任状のあるべきわけはない。段々面倒な談判が起こってくると、どうしても一旦言い出したからには一行の面目上、その委任状を取り寄せる必要があるということに一決して、大久保と伊藤の二人が日本へ引き返すことになった。それはただ、条約改正談判の全権委任状をもらいに帰って来たのだから、面白い。

二人は帰朝して外務省へ副島を訪ねて、このことを相談し同時に太政官の問題にもしたが、意外にも副島は極端な反対をして、どうしても承知しない。それはどういう理由かと言って、副島の議論によれば、

「条約改正の談判は、外務卿がなすべきものであって、今度の一行は、つまり下相談をするにすぎないので、いよいよ正式の談判に着手する時は、無論外務卿がその衝《しょう》に当たらなければならないのである。よって岩倉の一行がその必要を認めたならば、わが輩に向かってその請求をしてくるのが当然であって、自分らが談判を開くことで委任状を求めるのは不都合である」

というのであった。これは一応の道理であってなかなか有力な賛成もある。したがって、大久保の要求はどうも容《い》れられそうでない。そうなると、大久保は何のためにアメリカから帰って来たのか、意味のないことになってしまう。これが普通の役人なら格別のこと、大久保ほどの者がこんなことで指をくわえてアメリカへ引き返すことは出来ない。

しきりに委任状を渡せと言って迫る。こうなると、太政官会議はなかなか難しくなって、容易に決しない。しかし大久保は、そう何時までもこの問題で、愚図愚図していることは出来ないのだから、先を急いでしきりに請求してくるが、副島は頑《がん》として応じない。その間には仲裁に入った者もあるけれど、副島は刀に掛けてもこの委

任状は出せないと言って頑張る、果てには大久保も癇癪を起こして、

「そういうわけならば強いては求めない。しかし俺は自分の面目が立たないのであるから、この上は切腹して岩倉大使の一行に申し訳をする」

と言い出した。サァそうなってみると、まさか大久保が切腹するのを傍観することも出来ず、西郷はじめ一同が総掛りになって副島をなだめすかして、とうとう委任状だけは出すことに決めたので、大久保と伊藤は這々《ほうほう》の体《てい》で委任状を持ってアメリカへ引き返して来ると、この時に既に大使の一行はイギリスへ向かって出発した後で、特に条約改正の本談判は事情あって中止するという置き手紙さえしてあった。大久保は何のために副島と喧嘩して委任状を持って来たのか、意味の分からないことになってしまった。大使の一行が大久保の帰らないうちに、どうして談判を中止した上にイギリスへ行ってしまったというのか、それにはまた仔細がある。ただ大久保の帰りが遅いから先に行ったという意味ではないのだ。

3　条約改正の本判断の中止

当時、イギリスに留学中であった、尾崎三郎と馬場《ばば》辰猪《たつい》の二人が新聞によって、岩倉大使の一行が条約改正の本談判に着手するということを知って、他の留学生と相談の上アメリカへやって来て、岩倉と木戸に対面して、

「各国の事情も分からず、英語の一つも理解出来ない者が、いますぐに条約改正の本談判を開くのはどうにも軽率なことである。こういう場合は、やはり下談判にしておいて、その条約には充分に改正を加えることの出来る余地を残しておいて、他日に譲った方がよい。いまこの条約を半年や一年急いだところで、日本の国がどれほど利するというわけでもなかろう。万一にも不利益な条約を結べば、その長い期間内は改正することが出来ない

のであるから、国の損害はえらいことになる。よって一応各国の視察を終わるまで、この談判は中止してもらいたい」

ということを申し込んだ。この主張にも一理あって、むげに退けることも出来ない。

岩倉や木戸は、グラント将軍に勧められたからやってみる気にはなったけれど、よく考えてみればそういう訳もあるから、そこで大久保の帰らないうちに大談判はしないことにして、イギリスへ向かって出発してしまったのである。

その時に、これに似た可笑《おか》しい話がもう一つあった。東京と横浜の間に汽車を通じさせるについて、莫大な金が要る。その他にも新しいことをするので金が要ることになって、外債を募集する相談が始まった。これは日本を出発する時から内々に決まっていたことではあるが、アメリカへ着いてから、そのことをグラント将軍に打ち明けてみると、将軍はいよいよそれが正式の相談となれば充分に尽力するという答えであった。そこで一行は大喜びですぐにその下相談を始めることとなって、ニューヨークでは有名な富豪を呼んで、夜会を開くやら大変な騒ぎをやった。

ところが、これを聞き付けた弁務使の森有礼。この弁務使というのはいまの全権公使に当たる。森はのちに文部大臣になってから暗殺されてしまったが、薩藩出身の俊才で文久年間に藩から選抜されて、アメリカへ渡りそれから引き続いて弁務使になったほどの人物で、なかなか頭の新しい議論をもっていた。

岩倉大使の一行が軽率な考えから濫《みだ》りに外債を募集するということを聞き込み、非常に驚いてしきりに反対の意見を述べたけれど、ついに大使の一行は森の注意を聞き入れなかった。森は意見が用いられないので、アメリカの新聞へ日本政府が外債を募集することの不都合なる理由を、己の姓名を著して公表した。それを読んだ米国の富豪は一人として募集に応ずる者はいなかった。

莫大な費用を使ってご馳走はしたが募集には応ずる者がない、これはどういう訳かと一行も不思議に思っていると、福地源一郎がその新聞を見て、大変驚いて木戸に読んで聞かせたから、そこで木戸は癇癪を起こして森を呼び付けて詰責《きっせき》した。森はまた負けない気で食って掛かる。とうとう二人は組み打ちを始めた。一同が仲裁して和解はしたが、外債募集はついに失敗に終わった。全権大使が外債の募集をするというのに、全権公使がこれを反対して、ついに殴り合いになったなどは、とても大正の現代では見ることの出来ないことである。前の委任状のことといい、のちの外債募集のことといい、その時代にはこのような面白い話が多かったものだ。

4　副島種臣外務卿の見事な対応

ついでに、もう一つ述べておきたいのは、この洋行には関係のないことだが、留守内閣の大官の一人であった外務卿の副島種臣、この人が扱った台湾問題についての支那政府への談判、これは実に見事なものであったから、いまのような怪しい人間の勢揃いしている霞ヶ関の御役所の連中に、参考のためにもなる。昔の外交官がどういう態度で対外談判をやったかということを、簡単に述べておきたい。

明治四年の十月に、琉球人の漂流民が六十余人台湾に漂着した。ところが、その中の五十四人が生蕃《せいばん》（台湾の先住民で漢族に同化しなかった高山族）のために惨殺されて、わずかに十二人が命からがら立ち帰って来て、鹿児島県庁へ訴えて出たので、県令の大山綱吉から、このことを中央政府へ上申に及んだ。殺されたのが琉球人であったために、そう大きな騒ぎにならず、何となく有耶無耶《うやむや》のうちに日を送ってしまったけれど、明治六年の三月になって備中国の小田県の人民が四人、台湾へ漂流して生蕃のために惨殺《ざんさつ》されたという報告があったので、内閣の諸公よりは海陸軍の少壮軍人が一遍に騒ぎ出して、

「先の琉球人のことといい、今度はまた日本人のことといい、幾たびかこのような陵辱を加えられては、もはやわが国の体面上、これを黙視しているわけにはいかない。なお将来のためにもこういう場合に戦うほうがよい。都合によっては台湾を征略するのも妙策である」

といったような議論が盛んになってきて、どうしても治まりがつかない。そこで内閣の会議によって副島外務卿を全権大使として、清国へ派遣することになったのである。台湾は清国の属領と解釈されていたから、副島を清国へ送ることにしたのだけど、しかし、その台湾は清国の属領であるかどうかというのも、実は疑問なのである。その疑問であるものを属領と定めてしまって、清国政府へ談判に行ったところで、当時の外交の幼稚な点があったのであるが、とにかく、北京へ乗り込んでいよいよ談判を開く段階になると、副島大使に向かって清国皇帝の拝謁を賜ることになった。ところが、それと同時に各国の公使へもまた拝謁を賜ることになって、この席順をどうするかということは無論、清国政府の役人が決めるのであるが、いよいよそれが決定して副島の方へ通告があったのは、各国公使の謁見が終わって副島は最後に謁見《えっけん》をする、ということであった。副島は非常に憤激して、

「各国の公使は普通の公使であって、われはこのたび、特に日本帝国の皇帝から、この大任を申し付けられて来た大使である。普通の公使とはその格式が違う。直接にわが皇帝の名代を拝しているのであるから、もし清国皇帝に拝謁する時には、無論その首席に出すべきはずである。それが出来ないのならば、いっそのこと拝謁をしないで済まそう」

と言って、頑張ったので、この交渉が一ヵ月も二ヵ月も掛かって、なかなか喧《やかま》しかったが、ついに副島の強情が通って清国皇帝に拝謁することは、一等国の扱いをもって首席として拝謁をとげられたのである。もっともこのことについては副島が談判を開かずに帰国するといって、その準備に掛かった際どい場合になって、清国政府の方から我《が》を折って副島の要求を容れたのである。

そのほか、この談判中の副島の態度は総てこの調子で、清国政府を威服して掛かったから、台湾事件の談判もそうひどい譲歩をせずに済んだのだ。副島が外務卿をしていた時には、よくこういうことで争いが起こった。イギリス公使のワトソンなる者が、わが皇帝に拝謁することになった時、副島がその案内をする役であった。ワトソン公使は副島に向かって、

「いま、陛下に拝謁の手続をいろいろ説明されたが、陛下は無論欧米各国の例に倣って、起立の上でご挨拶があるのでしょうな」

と聞かれて、副島は、

「イヤ、それは違う。欧米各国では起立して挨拶するのが例かも知れないが、わが日本帝国では古くから着席のままご会釈のあるのが習慣になっているので、起立はされないのである」

「それは非常に不都合と考える、私の方では起立して申し上げるのに、陛下の方は着席しておられるのは不都合ではなかろうか」

「一向に差し支えない。郷に入っては郷に従えという諺《ことわざ》がある。貴国においては皇帝が席を離れ、起立して挨拶されるかも知れないが、わが国ではそういうことはしないのであるから、もしそれについてご異存があるならば、いっそ拝謁をなさらずに帰った方がよかろう」

冷淡無愛想の挨拶に、ワトソンは癇癪を起こして、

「よろしい、それならば私はこのまま帰ります」

「その方がよかろう」

英公使はプンプン怒りながら帰った。

いまの外務省の先生たちにこんな離れ業は出来まい。副島はこの態度で常に外国公使に接していたのだ。そののち米露二国の公使が陛下に拝謁を願って出た。それをお許しになって、副島が案内役であったが、この時は二公使から、

「謁見の礼式のことは、貴国の習慣に従う」

と申し添えてきた。いよいよ謁見の段になると、陛下は起立して握手の礼をなされた。二公使は面目をほどこして御前を下ってきた。このことがたちまち評判になったから、前の英公使は非常に決まりが悪い。副島を訪ねて、

「どうして貴国では、このように取り扱いを異にするのですか」

と詰問に及ぶと、副島は平然として、

「別に区別はしていない」

「しかし、私が拝謁を願った時には、起立をして礼は取れないと言いながら、今度は起立の礼を取られたというが、それはどういうことですか」

「およそ礼儀作法というものは、その人の随意であって、決して他からかれこれ指図をされるべきものではない。このたび米露二国の公使に、謁見を仰せ付けられた場合に、わが陛下が起立握手の礼をされたのは、陛下の

思召しであって、決して二公使の注文ではない。貴公使は先に起立握手の礼を注文されたから、独立帝国たる日本帝国がそういう注文をされて礼を執《と》ることは出来ないから、お断りしたまでのことで、別に不思議はないのである」

と答えて、とぼけている。これにはワトソン公使も閉口して、それからのちは、副島と特別に懇意を結んで、たいへん副島の人格に感服していたということである。もう一つ副島について感服すべきことがある。それは更に項を改めて説くことにしよう。

明治裏面史　上巻　了

著者紹介

伊藤痴遊（いとう　ちゆう・一八六七—一九三八）

一八六七（慶応三）年四月二四日神奈川県生まれ。明治、大正、昭和初期に活躍した日本の講釈師、政治家、ジャーナリスト。政治講談を語った。号は双木舎痴遊。

家の近所に渋沢栄一の従兄弟が住んでおり、剣道の指南をしていたことからその門弟となる。渋沢の従兄弟はその後板垣退助の自由党の創立に参加し、この際に門弟を党員として加えたことから伊藤も自由党員となった。そして、政府が演説禁止に対抗し、講談で主義を広めようと板垣が提案したことから、伊藤は講釈師として活動を始めることになる。その後は講釈師のかたわらで政治活動を続け、衆議院議員に二回当選したほか、東京市会議員なども務めた。

一九三八（昭和一三）年死去。

明《めい》治《じ》裏《り》面《めん》史《し》　上巻

平成二五年四月二五日　初版第一刷発行

著　者　伊藤　痴遊
発行者　佐藤今朝夫
発行所　株式会社　国書刊行会
〒一七四—〇〇五六
東京都板橋区志村一—一三—一五
TEL　〇三（五九七〇）七四二一
FAX　〇三（五九七〇）七四二七
http://www.kokusho.co.jp

印　刷　株式会社　エーヴィスシステムズ
製　本　株式会社　ブックアート

ISBN 978-4-336-05642-9

ノーベル賞作家の日本人観

パール・バック 著

丸田浩 監修　小林政子 訳

私の見た日本人

日本の素晴らしさを再認識

ノーベル賞作家、パール・バック（『大地』）による日本での体験をもとに、戦後日本人の原型を刻印した幻の随想集。写真多数。本邦初訳。

四六判・上製
3500円＋税

近刊

吉田松陰の士規七則

広瀬 豊 著

松蔭思想の結実

本書は人倫の大道を説き、その修養の方法と覚悟を繙く。これほど簡明に武士道の精髄を現したものはほかにない。

四六判・上製
1800円＋税

〈義と仁〉叢書

明治に花が咲いた侠客の世界。
昭和に心を沸き立たせた痛快時代劇の世界。
平成の今に甦る「義と仁」

国定忠治
平井晩村 著
2300円＋税

清水次郎長
一筆庵可候著
2300円＋税

幡随院長兵衛
平井晩村 著
2100円＋税

鼠小僧次郎吉
芥川龍之介／菊池寛／鈴木金次郎 著
2300円＋税

四六判・上製